特長と使い方

◆1日4ページずつ取り組み，10日間で高校入試直前に弱点が克服でき，実戦力が強化できます。

基本例文 各文法項目を扱った例文で基本的な使用例を身につけましょう。

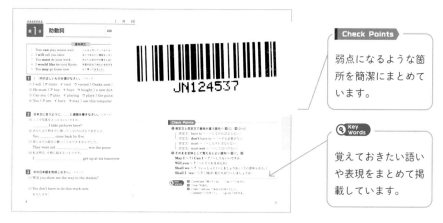

Check Points

弱点になるような箇所を簡潔にまとめています。

Key Words

覚えておきたい語いや表現をまとめて掲載しています。

入試実戦テスト 入試問題を解いて，実戦力を養いましょう。

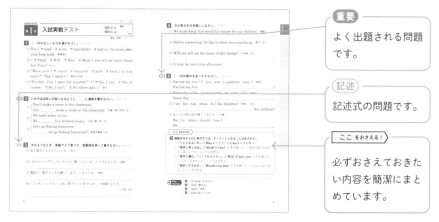

重要

よく出題される問題です。

記述

記述式の問題です。

ここ をおさえる！

必ずおさえておきたい内容を簡潔にまとめています。

◆巻末には「総仕上げテスト」として，総合的な問題や，思考力が必要な問題を取り上げたテストを設けています。10日間で身につけた力を試しましょう。

1

目次と学習記録表

◆ 学習日と入試実戦テストの得点を記録して，自分自身の弱点を見極めましょう。

◆ 1回だけでなく，復習のために2回取り組むことでより理解が深まります。

			1回目		2回目	
			学習日	得点	学習日	得点
第1日	助動詞 …………………… 4		/	点	/	点
第2日	現在形・過去形・進行形 …… 8		/	点	/	点
第3日	不定詞・動名詞 …………… 12		/	点	/	点
第4日	比 較 …………………… 16		/	点	/	点
第5日	接続詞・文型 ……………… 20		/	点	/	点
第6日	受け身 …………………… 24		/	点	/	点
第7日	現在完了 ………………… 28		/	点	/	点
第8日	分詞・間接疑問文 ………… 32		/	点	/	点
第9日	関係代名詞 ……………… 36		/	点	/	点
第10日	文構造・仮定法 …………… 40		/	点	/	点
総仕上げテスト ① …………… 44			/	点	/	点
総仕上げテスト ② …………… 46			/	点	/	点

本書に関する最新情報は，小社ホームページにある**本書の「サポート情報」**をご覧ください。(開設していない場合もございます。)
なお，この本の内容についての責任は小社にあり，内容に関するご質問は直接小社におよせください。

2

出題傾向

◆「英語」の出題割合と傾向

〈「英語」の出題割合〉

- 文法問題 約8%
- 語彙の問題 約3%
- リスニング問題 約11%
- 読解問題 約52%
- 英作文 約27%

〈「英語」の出題傾向〉

- 問題の半数は読解問題で，長い対話文や物語，身近な話題を題材として，内容把握力や表現力が試される。
- 文法問題では，語形変化や空欄補充，同意文の書き換えなど，総合問題の中で出題されることが多い。語彙問題は，読解問題の一部として出題され，文脈を読み取る力が試される。

◆「英作文」「リスニング問題」の出題傾向

- 英作文では，語句の整序や条件英作文，自由英作文，語句の補充・選択問題など，初歩的な英語で自分の考えを書く表現力が求められる。
- リスニングでは，対話や英文を聞いて内容の要約を聞き取る問題が問われる。

合格への対策

◆読解問題

英文を速く正確に理解する力や文脈を読み取る力が試されます。最近の流行や話題を取り入れた文章に慣れるよう，ニュースなどでチェックしておこう。

◆英作文

設問に対する意見の多様性よりも，初歩的な英語を用いて自分の意見を読み手にわかりやすく，正確かつ的確に表現する力が求められます。

◆リスニング問題

複数の絵やグラフから，内容に合ったものを選ぶ問題が多く出題されます。日常的な場面・状況で使用される慣用的な表現が問われることも多いので，教科書の対話表現を確認しておこう。

◆文法問題

不定詞や現在完了，現在分詞・過去分詞に関するものが多い。比較や接続詞も要注意しよう。

第1日　助動詞

解答→別冊1ページ

┌─── 基本例文 ───┐

1. Tom **can** play tennis well.　　トムは上手にテニスをすることが**できます**。
2. I **will** call you later.　　あとであなたに電話をします。
3. You **must** do your work.　　あなたは自分の仕事を**しなければなりません**。
4. I **would like to** visit Kyoto.　　京都を訪れて**みたい**ものです。
5. You **may** go home now.　　もう帰って**よろしい**。

1　( )内の正しいものを選びなさい。(3点×4)

(1) I will (ア visits　イ visit　ウ visited) Osaka next Sunday.

(2) He must (ア buy　イ buys　ウ bought) a new dictionary.

(3) Can you (ア play　イ playing　ウ plays) the guitar?

(4) You (ア are　イ have　ウ may) use this computer.

2　日本文に合うように，____に適語を書きなさい。(5点×4)

(1) ここで写真をとってもいいですか。

_____ I take pictures here?

(2) あなたは5時までに帰ってこなければなりませんよ。

You _____ come back by five.

(3) 彼らはその試合に勝つことはできませんでした。

They were not _____ _____ win the game.

(4) 私は明日，6時に起きるつもりです。

I _____ _____ _____ get up at six tomorrow.

3　次の日本語を完成しなさい。(8点×5)

(1) Will you show me the way to the station?

[　　　　　　　　　　　　　　　　　　　　　　]。

(2) You don't have to do this work now.

あなたは今[　　　　　　　　　　　　　　　　　]。

4

第1日

第2日
第3日
第4日
第5日
第6日
第7日
第8日
第9日
第10日

(3) Shall we go home now?

　もう[　　　　　　　　　　　　　　　　　　　　　　　　]。

(4) The news may be true.

　そのニュースは[　　　　　　　　　　　　　　　　　　]。

(5) Shall I open the window?

　窓を[　　　　　　　　　　　　　　　　　　　　　　　　]。

4 2文がほぼ同じ内容になるように，＿＿に適語を書きなさい。(7点×4)

(1) { My mother will come back at night.
　　{ My mother ＿＿＿＿＿ ＿＿＿＿＿ to come back at night.

(2) { You must take your passport with you.
　　{ You ＿＿＿＿＿ ＿＿＿＿＿ take your passport with you.

(3) { Mary can sing very well.
　　{ Mary ＿＿＿＿＿ ＿＿＿＿＿ ＿＿＿＿＿ sing very well.

(4) { You must not go out today.
　　{ ＿＿＿＿＿ go out today.

Check Points

❶ 肯定文と否定文で意味が違う語句 ⇨ **3** (2), **4** (2)・(4)

{ 〈肯定文〉 have to ～「～しなければならない」
{ 〈否定文〉 **don't** have to ～「～する必要がない」

{ 〈肯定文〉 must ～「～しなければならない」
{ 〈否定文〉 must **not** ～「～してはいけない」

❷ そのまま全体として覚えるとよい語句 ⇨ **2** (1), **3**

May I ～ ? / Can I ～ ? 「～してもいいですか」

Will you ～ ? 「～してくれませんか」

Shall we ～ ? 「(いっしょに)～しましょうか」(下の意味もある。)

Shall I〔we〕～ ? 「(私が〔私たちが〕)～しましょうか」

Key Words
2 □ come back「帰ってくる」　□ by ～「～までに」
3 □ true「本当の」
4 □ take ～ with you「(あなたが)持っていく」
　□ passport「パスポート」　□ go out「出かける」

第1日 入試実戦テスト

| 時間 40分 | 得点 |
| 合格 80点 | /100 |

解答→別冊1, 2ページ

1 （　）内の正しいものを選びなさい。(4点×4)

(1) You （ア need　イ must　ウ had better　エ had to) be tired after your long walk.〔青雲高〕

(2) （ア Shall　イ Will　ウ May　エ Must) you tell me more about her, Yumi?〔大分〕

(3) "Were you （ア could　イ enjoyed　ウ able　エ fond) to eat *natto*?" "Yes, I liked it."〔高知学芸高〕

(4) "It's hot. Can I open the window?" "（ア Yes, I can.　イ Yes, of course.　ウ No, I can't.　エ No, there isn't.)"〔栃木〕

重要 **2** 2文がほぼ同じ内容になるように，＿＿に適語を書きなさい。(4点×3)

(1) { Don't make a noise in the classroom.
{ You ＿＿＿＿ make a noise in the classroom.〔武蔵工業大附高一改〕

(2) { We need water to live.
{ We ＿＿＿＿ live without water.〔法政大第二高一改〕

(3) { Let's go fishing tomorrow.
{ ＿＿＿＿ we go fishing tomorrow?〔実践学園高一改〕

記述 **3** 次のようなとき，英語でどう言うか，助動詞を使って書きなさい。(6点×4)

(1) 窓を閉めてもらいたいとき。〔埼玉〕

＿＿＿＿＿＿＿＿＿＿＿＿＿＿＿＿＿＿＿＿＿＿＿＿＿＿

(2) 「自分のバッグをこのいすの上に置いてよいか」とたずねるとき。〔福岡〕

＿＿＿＿＿＿＿＿＿＿＿＿＿＿＿＿＿＿＿＿＿＿＿＿＿＿

(3) 電話で「恵子さんをお願いします」と言うとき。〔鳥取〕

＿＿＿＿＿＿＿＿＿＿＿＿＿＿＿＿＿＿＿＿＿＿＿＿＿＿

(4) 「この本についてもっと私に教えてくれませんか」と依頼するとき。

〔大阪一改〕

＿＿＿＿＿＿＿＿＿＿＿＿＿＿＿＿＿＿＿＿＿＿＿＿＿＿

4 次の英文を日本語にしなさい。(6点×4)

(1) We must keep this beautiful nature for our children. 〔愛媛〕

[   ]

(2) Before answering, I'd like to show you something. 〔東京一改〕

[   ]

(3) Will you tell me the name of this bridge? 〔北海道一改〕

[   ]

(4) It may be rainy this afternoon.

[   ]

重要 **5** ( )内の語句を並べかえなさい。(6点×4)

(1) Excuse me, but (I, you, ask, a question, may)? 〔愛媛〕
Excuse me, but _____?

(2) Some day (like, your country, to, visit, I'd). 〔島根〕
Some day _____.

(3) (we, for, can, what, do) the children? 〔和歌山一改〕
_____ the children?

(4) 私たちは彼の話を聞くべきです。〔沖縄〕
We (to, listen, should, him).
We _____.

┌─ ここ をおさえる！ ─────────────────────────┐

3 場面を与えられた英作文では，キーワードとなることばをさがす。
 ・「～してもよいか」は **May I ～ ?** または **Can I ～ ?** を使う。
 ・「相手に申し出る」は **Shall I〔we〕～ ?** を使って，「(私が〔私たちが〕)
  ～しましょうか」という文を作る。
 ・「相手に頼む」「～してもらいたい」は **Will〔Can〕you ～ ?** を使って，
  「～してくれませんか」という文を作る。
 ・「相手にすすめる」は **Would you like ～ ?** を使って，「～はいかがです
  か」という文を作る。

└────────────────────────────────────┘

Key Words
1 □ of course「もちろん」
3 □ close「閉める」
4 □ nature「自然」
5 □ some day「いつか」

7

第2日 現在形・過去形・進行形 ⏱時間 30分 得点 /100

解答→別冊2ページ

―― 基本例文 ――

1. Ken **plays** soccer after school. 　健は放課後，サッカーを<u>します</u>。
2. We **studied** English yesterday. 　私たちは昨日，英語を<u>勉強しました</u>。
3. My father **is** a teacher. 　私の父は先生<u>です</u>。
4. **Were** you angry yesterday? 　あなたは昨日，怒っ<u>ていましたか</u>。
5. **I'm cleaning** our car. 　私は車を<u>きれいにしているのです</u>。

1 （　）内の正しいものを選びなさい。(4点×4)

(1) She (ア clean イ cleans ウ cleaning) the room every day.

(2) He (ア goes イ went ウ go) to Hokkaido last year.

(3) Tom and Emi are (ア talks イ talk ウ talking) now.

(4) (ア Is イ Are ウ Does) this question easy?

2 日本文に合うように，＿＿に適語を書きなさい。(5点×4)

(1) 私は犬があまり好きではありません。

I ＿＿＿＿＿ like dogs very much.

(2) これらの本はあなたのものですか。

＿＿＿＿＿ these books yours?

(3) 彼は昨日，あなたに電話をしましたか。

＿＿＿＿＿ he call you yesterday?

(4) 子どもたちはそのとき，泳いでいませんでした。

The children ＿＿＿＿＿ swimming then.

3 次の日本語を完成しなさい。(7点×4)

(1) Tom didn't sleep well last night.

トムは昨夜[　　　　　　　　]。

(2) How many students are there in your class?

あなたのクラスには[　　　　　　　　]。

(3) What were you doing at 10:00?

10時に[　　　　　　　　]。

8

(4) Mr. Kato teaches English at school.

　加藤先生は，学校で［　　　　　　　　　　　　　　　　　　　　　　］。

4　( )内の語を並べかえなさい。(9 点 × 4)

(1) この都市には公園がたくさんある。

　(many, has, this, parks, city).

　_____.

(2) 私たちは楽しく過ごしました。

　(a, had, time, we, good).

　_____.

(3) 彼女は犬をこわがっています。

　She (of, dogs, afraid, is).

　She _____.

(4) 私たちは，そのときは音楽を聞いていませんでした。

　(music, we, to, listening, were, not) then.

　_____ then.

Check Points

❶ 一般動詞の文では，動詞の形に注意。疑問文・否定文では動詞は原形を使う。　　　　⇨ **1** (1)・(2)，**2** (1)・(3)，**3** (1)・(4)，**4** (1)・(2)

〈疑問文〉 $\begin{cases} \textbf{Do〔Does〕} \sim ? \\ \textbf{Did} \sim ? \end{cases}$　〈否定文〉 $\begin{cases} 主語＋\textbf{don't〔doesn't〕} \sim . \\ 主語＋\textbf{didn't} \sim . \end{cases}$

❷ be 動詞の文では，主語や時制に注意。疑問文では主語と語順を入れかえる。否定文は be 動詞の後に not を入れる。　⇨ **1** (4)，**2** (2)，**3** (2)，**4** (3)

〈疑問文〉be 動詞＋主語 ～ ?　　〈否定文〉主語＋be 動詞＋not ～ .

❸ 進行形の疑問文・否定文のつくり方は be 動詞の文と同じ。

　　　　　　　　　　　⇨ **1** (3)，**2** (4)，**3** (3)，**4** (4)

Are you reading a book?　　I am **not** running.

　┗▶ be 動詞を主語の前に置く。　　┗▶ be 動詞の後に not を入れる。

Key words

2 □ not ～ very much 「あまり～ない」　　□ children は child 「子ども」の複数形

3 □ sleep well 「よく眠る」

4 □ have a good time 「楽しく過ごす」　　□ be afraid of ～ 「～をおそれる」

9

第2日 入試実戦テスト

解答→別冊3ページ

1 （　）内の正しいものを選びなさい。(4点×5)

(1) One of my friends （ ア lives　イ lived　ウ living　エ live ） in Tokyo now. 〔栃木〕

(2) I （ ア come　イ came　ウ have come　エ will come ） here two months ago. 〔山梨〕

(3) He （ ア cooks　イ is cooked　ウ is cooking　エ was cooking ） dinner when she came home. 〔神奈川〕

(4) Who （ ア teach　イ teaches　ウ teaching　エ taught ） you English?　—Mr. Yamamoto does. 〔江戸川学園取手高〕

(5) I told him to call me last evening, but he （ ア was　イ wasn't　ウ did　エ didn't ）. 〔秋田〕

重要 2 2文がほぼ同じ内容になるように，＿＿に適語を書きなさい。(5点×5)

(1) { There are 2000 students in our school.
＿＿＿＿ ＿＿＿＿ ＿＿＿＿ 2000 students. 〔法政大第二高〕

(2) { There was a heavy rain last night.
It ＿＿＿＿ heavily last night. 〔郁文館高〕

(3) { Andy plays the guitar well.
Andy is ＿＿＿＿ ＿＿＿＿ playing the guitar. 〔青雲高〕

(4) { Mr. Smith is our teacher of Chinese.
Mr. Smith ＿＿＿＿ ＿＿＿＿ Chinese. 〔実践学園高〕

(5) { She always takes a bus to go to school.
She always ＿＿＿＿ to school ＿＿＿＿ ＿＿＿＿. 〔清風高〕

3 日本文に合うように，＿＿に適語を書きなさい。(5点×3)

(1) 犬を連れた男の人がベンチに座っていました。〔近畿大附高〕

The man ＿＿＿＿ a dog ＿＿＿＿ ＿＿＿＿ on the bench.

(2) ほら，私たちのバスが来た。〔大阪星光学院高〕

＿＿＿＿ comes our bus.

(3) 彼はたくさん食べた。　He ＿＿＿＿ a ＿＿＿＿. 〔茨城一改〕

4 次の日本文を英語にしなさい。(8 点 × 2)

(1) 私は先週の日曜日に図書館へ行きました。〔沖縄〕

_____

(2) なぜ星はとても小さく見えるのでしょうか。〔愛光高―改〕

_____

重要 **5** ( )内の語句を並べかえなさい。(8 点 × 3)

(1) 母は友達と電話で話をしています。〔沖縄〕

(with her friend, is, my mother, talking) on the phone.

_____ on the phone.

(2) Are (a, there, of, lot) birds in Minami Park? 〔神奈川―改〕

Are _____ birds in Minami Park?

(3) Her (nothing, present, knew, the, about, mother). 〔宮城―改〕

Her _____ .

┌─ **ここ をおさえる！** ─────────────────────────┐

1 動詞の形を決めるときは，時を表す語句に注目！

• ～ ago「～前」，yesterday「昨日」など→過去形に

• when ～「～のとき」など，過去の一時点を示す語句があり，動作をすぐに終えられる動詞の場合(cook, sleep など)→過去進行形に

I **went** to Tokyo **last month**.

　過去形 ◀─────「先月」

I **was sleeping when** you came home.

　過去進行形 ◀─────「家に帰ってきたとき」

2 動詞・名詞⇄人を表す名詞

• 動詞や名詞の語尾に -er, -ist などをつけて人を表す名詞になるものを覚えておこう。

teach「教える」⇄teacher「先生」　　art「芸術」⇄artist「芸術家」

└─────────────────────────────────┘

2 □ a heavy rain「大雨」

3 □ a lot「たくさん」

4 □ library「図書館」　　□ look small「小さく見える」

5 □ on the phone「電話で」

第3日 不定詞・動名詞

時間 30分　　得点 ／100

解答→別冊4ページ

─── 基本例文 ───

1. We **want to visit** Hokkaido.　　私たちは北海道を**訪れたい**です。
2. He went to the park **to play** tennis.　　彼はテニスを**するために**公園に行きました。
3. I have a lot of work **to do**.　　私は**するべき**仕事がたくさんあります。
4. Do you enjoy **reading**?　　あなたは**読書**を楽しみますか。
5. She is good at **cooking**.　　彼女は**料理をするの**が上手です。

1 （　）内の正しいものを選びなさい。(4点×4)

(1) Tom began（ ア swim　イ to swim　ウ to swimming ）this year.

(2) When did you finish（ ア clean　イ to clean　ウ cleaning ）?

(3) I was surprised（ ア hear　イ to hear　ウ hearing ）the news.

(4)（ ア To play　イ Play　ウ Plays ）the piano is a lot of fun.

2 日本文に合うように，＿＿＿に適語を書きなさい。(5点×4)

(1) 彼はその地図をさがすために図書館に行きました。

He went to the library ＿＿＿＿＿ ＿＿＿＿＿ ＿＿＿＿＿ the map.

(2) 私は何か食べ物がほしいです。

I want something ＿＿＿＿＿ ＿＿＿＿＿.

(3) あなたはギターをひくのが上手ですか。

Are you good at ＿＿＿＿＿ the guitar?

(4) マリは私たちが教室を掃除するのを手伝ってくれました。

Mari helped ＿＿＿＿＿ ＿＿＿＿＿ our classroom.

3 次の日本語を完成しなさい。(8点×5)

(1) I am glad to see you.

私は［　　　　　　　　　　　　　　　　　　　　　　　　　　　］。

(2) Did you know what to do?

あなたは［　　　　　　　　　　　　　　　　　　　　　　　　　　］。

(3) He tried to open the door.

彼は［　　　　　　　　　　　　　　　　　　　　　　　　　　　　］。

(4) Please let me use the computer.

私に [   ]。

(5) I'm interested in taking pictures.

私は [   ]。

4 日本語に合うように，（　）内の語句を並べかえなさい。(8点×3)

(1) 母は私に，自分の部屋を掃除するように言いました。

My mother (me, my room, to, clean, told).

My mother _____.

(2) 私の夢は，外国を訪れることです。

My dream (countries, visit, to, foreign, is).

My dream _____.

(3) 私に泳ぎ方を教えてください。

Please (how, me, to, teach, swim).

Please _____.

Check Points

❶ **不定詞がくるか動名詞がくるかは，前の動詞で決まる。** ⇨ **1** (1)・(2)

You want to buy a bike.　　I enjoyed swimming.

want, hope の後は不定詞　　　enjoy, finish の後は動名詞

❷ **不定詞を含む重要表現** ⇨ **3** (4)，**4** (1)

want＋人＋to ～「人に～してほしい」

tell＋人＋to ～「人に～するように言う」

ask＋人＋to ～「人に～してくれるように頼む」

　You **asked** me **to wash** the car.

　　「あなたは私にその車を洗うように頼みました。」

❸ **前置詞の後にくる動詞は動名詞に。** ⇨ **2** (3)，**3** (5)

I'm good **at cooking.**「私は料理をすることが得意です。」

ほかに **be interested in ～ ing**「～することに興味がある」

　　　　Thank you for ～ ing.「～してくれてありがとう」などがある。

Key Words

2 □ be good at ～「～するのが上手だ」

3 □ be glad to ～「～してうれしい」　□ try to ～「～しようとする」

13

第3日 入試実戦テスト

時間 40分　合格 80点　得点 /100

解答→別冊 4, 5 ページ

重要 **1** （　）内の正しいものを選びなさい。(4点×4)

(1) Kazuo went to Australia （ ア study　イ studies　ウ studied　エ to study) English. 〔沖縄〕

(2) I want you to enjoy （ ア drink　イ drank　ウ drinking　エ to drink) Japanese green tea. 〔大阪—改〕

(3) Thank you （ ア for inviting me　イ to invite me　ウ for me inviting　エ for me to invite) to the party. 〔関西学院高〕

(4) Will you help me （ ア make　イ made　ウ making　エ makes) dinner?

2 2文がほぼ同じ内容になるように，＿＿＿に適語を書きなさい。(5点×4)

(1) { He said nothing and went out of the room.
He left the room without ＿＿＿＿＿ anything. 〔長崎〕

(2) { I found her house easily.
＿＿＿＿＿ was easy for me ＿＿＿＿＿ find her house. 〔法政大第二高〕

(3) { Mike said to his father, "Please buy me a bicycle."
Mike ＿＿＿＿＿ his father ＿＿＿＿＿ buy a bicycle for him.
〔東京学芸大附高〕

(4) { Father said to me, "Don't tell a lie."
Father told me ＿＿＿＿＿ ＿＿＿＿＿ tell a lie. 〔久留米大附高〕

記述 **3** 次のようなとき，英語でどう言えばよいか書きなさい。(8点×3)

(1) 自分が遅刻したことをあやまるとき。（late を使って）〔富山〕

_____

(2) 「彼女は何と言ったらよいかわからなかった」と言うとき。〔鳥取〕

_____

(3) バッグの買い物中に「別のを見せてほしい」と言うとき。〔北海道—改〕

_____

4 次の英文を日本語にしなさい。(5点×2)

(1) I have something to show you.〔奈良〕

[   ]

(2) I asked my mother to make a *yukata* for you.〔島根〕

[   ]

重要 **5** ( )内の語句を並べかえなさい。(6点×5)

(1) My (swimming, good, not, very, at, is, friend).〔実践学園高〕

My _____.

(2) There (visit, places, to, many, are) in Aomori.〔青森一改〕

There _____ in Aomori.

(3) I want to go to Yokohama, but I don't (trains, know, change, to, where).〔秋田〕

... but I don't _____.

(4) (lunch, having, about, together, how)?〔埼玉〕

_____?

(5) 忙しくてあなたと外出できません。〔駒込高〕

I (with, too, go, am, to, out, busy) you.

I _____ you.

ここ をおさえる！

2 否定語のある文は〈without ～ ing〉の形に書きかえられる。⇨ (1)

・without＋動名詞「～することなしに」→「～せずに」
「朝食を食べずに」 **without eating** breakfast
　　　　　　　　　　　　　　▶ 動名詞(-ing 形)になる。

命令文と〈ask＋人＋to ～〉〈tell＋人＋to ～〉の書きかえ。 ⇨ (3)・(4)

・Ken said to me, "Please help Jim."
　　　　　　　　　　　　　▶ Please があれば，ask を使う。

　→ Ken **asked me to help** Jim. 「ジムを手伝ってくれるように頼んだ」

・Ken said to me, "Help Jim."
　　　　　　　　　　　　▶ Please がなければ，tell を使う。

　→ Ken **told me to help** Jim. 「ジムを手伝うように言った」

Key Words **2** □ go out of ～ 「～から出て行く」　　□ tell a lie 「うそをつく」
3 □ be late 「遅刻する」

第4日 比較

解答→別冊 5, 6 ページ

基本例文

1. My cat is **bigger than** yours.　　私のねこはあなたの**より大きい**です。
2. Bob is **more famous than** Mike.　　ボブはマイク**より有名**です。
3. I can run (**the**) **fastest** of the four.　私は4人の中で**いちばん速く**走れます。
4. She is **the most popular** in her class.　彼女はクラスの中で**いちばん人気があります**。
5. You are **as old as** Emi.　　あなたは江美と**同じ年**です。

---

1 （　）内の正しいものを選びなさい。(4点 × 4)

(1) This bike is as（ ア old　イ older　ウ oldest ）as mine.

(2) I get up the（ ア early　イ earlier　ウ earliest ）in my family.

(3) Can you swim（ ア well　イ better　ウ best ）than Tom?

(4) Which is（ ア easy　イ easier　ウ the easiest ）, this book or that one?

2 日本文に合うように，＿＿に適語を書きなさい。(6点 × 4)

(1) 健はあなたより年下です。

Ken is ＿＿＿＿＿＿ than you.

(2) 私はすべての教科の中で数学がいちばん好きです。

I like math the ＿＿＿＿＿＿ of all the subjects.

(3) 東京は北海道ほど大きくありません。

Tokyo is ＿＿＿＿＿＿ as ＿＿＿＿＿＿ as Hokkaido.

(4) この本はあの本よりおもしろいです。

This book is ＿＿＿＿＿＿ ＿＿＿＿＿＿ than that one.

3 次の日本語を完成しなさい。(6点 × 5)

(1) He likes summer better than winter.

彼は[　　　　　　　　　　　　　　　　　　　　　]。

(2) This book is one of the most famous books in Japan.

この本は[　　　　　　　　　　　　　　　　　　　]。

(3) What sport do you like the best?

あなたは[　　　　　　　　　　　　　　　　　　　]。

(4) Which is more popular, soccer or baseball?

サッカーと野球では, [　　　　　　　　　　　　　　　　　　　　]。

(5) I cannot run as fast as my brother.

私は私の兄[　　　　　　　　　　　　　　　　　　　　　]。

4 2文がほぼ同じ内容になるように, ＿＿に適語を書きなさい。(10点×3)

(1) { This garden is more beautiful than that.
That garden is ＿＿＿＿ ＿＿＿＿ beautiful ＿＿＿＿ this.

(2) { Tom is shorter than John.
John is ＿＿＿＿ than Tom.

(3) { This question is easier than any other question.
This question is ＿＿＿＿ ＿＿＿＿ of all the questions.

Check Points

❶ 比較の文は前後の語がヒント⇨ **1**, **2**
- as がある……形容詞〔副詞〕の原級を使う。
  as ～ as ...「…と同じくらい～」
- than がある……形容詞〔副詞〕の比較級を使う。
  比較級＋ than ...「…より～」
- in〔of〕～ がある……形容詞〔副詞〕の最上級を使う。
  (the)＋最上級＋ in〔of〕...「…の中でいちばん～」

❷ よく出る書きかえ文⇨ **4**

{ A is **older** than B .
　　　　反対の意味の形容詞に
B is **younger** than A .

{ A is not as **big** as B .
「…ほど～ではない」 反対の意味の形容詞に
A is **smaller** than B .

{ A is **taller** than any other boy.
「ほかのどの…より～」 最上級に ➤ any other の後は単数形
A is the **tallest** of all the boys.

Key Words
1 □ in my family「家族の中で」
2 □ not as ～ as ...「…ほど～でない」
3 □ one of ～「～の一つ」　□ like ～ the best「～がいちばん好きだ」
4 □ any other ～「ほかのどの～」

17

第4日 入試実戦テスト

時間 40 分 **合格** 80 点 得点 /100

解答→別冊 6 ページ

1 （ ）内の正しいものを選びなさい。(5 点 × 5)

(1) This is one of the （ ア much イ more ウ most ）famous parks in the world. 〔大阪一改〕

(2) He says it is （ ア interesting イ more interesting ウ the most interesting ）than TV. 〔宮崎〕

(3) This flower is （ ア pretty イ as pretty ウ prettier エ the prettiest ）as that flower. 〔栃木〕

(4) Ken can run （ ア as faster as イ the faster of ウ the fastest エ the fastest of ）all. 〔関西学院高〕

(5) I think their job was fun, but it was （ ア very イ too ウ much エ more ）harder. 〔香川〕

重要 2 2 文がほぼ同じ内容になるように，____に適語を書きなさい。(5 点 × 4)

(1) { Bill's camera is not as old as yours.
Your camera is _____ _____ Bill's. 〔江戸川学園取手高〕

(2) { Tom is the tallest boy in our class.
Tom is taller than _____ _____ _____ in our class. 〔青雲高〕

(3) { My dog is bigger than hers.
_____ dog is not as big as _____. 〔駒込高〕

(4) { I have two older brothers.
I am the _____ of the three. 〔東京学芸大附高〕

記述 3 次の日本文を英語にしなさい。(8 点 × 2)

(1) あなたはどの季節がいちばん好きですか。〔法政大第二高一改〕

_____

(2) サッカーと野球では，どちらがより人気がありますか。〔愛知〕

_____

4 ( )内の語句を並べかえなさい。(8点 × 4)

(1) I (well, as, play, can't, baseball) as Takeshi. 〔千葉〕

I ＿＿＿＿＿＿＿＿＿＿＿＿＿＿＿＿＿＿＿＿＿ as Takeshi.

(2) I played (than, participant, other, better, any) in the contest.

〔香川〕

I played ＿＿＿＿＿＿＿＿＿＿＿＿＿＿＿＿＿ in the contest.

(3) Who (famous, is, most, tennis, the) player in Japan? 〔秋田一改〕

Who ＿＿＿＿＿＿＿＿＿＿＿＿＿＿＿＿＿ player in Japan?

(4) 技術は我々の生活をよりよくしてくれる。〔福島一改〕

(the technology, lives, makes, our, better).

＿＿＿＿＿＿＿＿＿＿＿＿＿＿＿＿＿＿＿＿＿＿＿＿＿.

重要 **5** ( )内の語を並べかえて対話を完成しなさい。(7点)〔都立国立高一改〕

Ms. Smith : Tornados usually move from the south-west to the north-east. They are big moving swirls.

Masao : Are they like typhoons?

Ms. Smith : Typhoons are (than, longer, and, last, bigger) tornados.

Typhoons are ＿＿＿＿＿＿＿＿＿＿＿＿＿＿＿＿ tornados.

```
ここ をおさえる！
```

2 もとの文で比較しているものの関係を，正しくつかむ。

• 「何が何よりどうなのか」を考える。〈not as ～ as ...〉の文はよく出る。
 （もとの文）A is **not as** ＋形容詞＋ **as** B.「A は B ほど～ではない」
  ↓ 2つの文が考えられる。
 （書きかえた文）**A** is 比較級(反対の意味の語) **than** B.「A は B より…」
       B is 比較級(同じ意味の語) **than** A.「B は A より～」
• もとの文が比較の文でなければ，比較の文ではどう表すかを考える。⇨ (4)
 「私には妹が 3 人いる。」→「私は 4 人の中でいちばん年上だ。」

Key Words
4 □ participant「参加者」
5 □ tornado「竜巻」 □ swirl「渦巻」 □ typhoon「台風」

第5日 接続詞・文型

時間 30分　　得点 /100

解答→別冊7ページ

基本例文

1. I like soccer **and** baseball.　私はサッカーと野球が好きです。
2. **If** you are busy, we'll help you.　もしあなたが忙しければ，私たちは手伝います。
3. I know **that** you like *ramen*.　君がラーメンが好きだということを知っています。
4. Mary **looks** happy.　メアリーは幸せそうに見えます。
5. We **call** him Tom.　私たちは彼をトムと呼びます。

---

1 （　）内の正しいものを選びなさい。(4点×6)

(1) You can swim, (ア that　イ or　ウ but) I can't swim.

(2) I was doing my homework (ア if　イ when　ウ because) my father came home.

(3) They hope (ア that　イ when　ウ if) their son will come back to Japan soon.

(4) Hurry up, (ア and　イ or　ウ but) you'll be late for school.

(5) The news will (ア take　イ call　ウ make) her sad.

(6) (ア Though　イ If　ウ Because) I like *ramen*, I can't eat it now.

2 日本文に合うように，＿＿に適語を書きなさい。(6点×6)

(1) 私は，彼のチームは試合に勝つと思います。

I think ＿＿＿＿＿ his team will win the game.

(2) 彼女のことばは私たちをとても楽しくさせました。

Her words ＿＿＿＿＿ us very happy.

(3) 一郎は彼の犬をジョンと名づけました。

Ichiro ＿＿＿＿＿ his dog John.

(4) 昼食を食べる前には，手を洗いなさい。

Wash your hands ＿＿＿＿＿ you eat lunch.

(5) 私を静香と呼んでください。

Please ＿＿＿＿＿ me Shizuka.

(6) 彼はとても疲れているように見えます。

He ＿＿＿＿＿ very tired.

3 次の日本語を完成しなさい。(6 点 × 4)

(1) I think I can do it if you help me.

[　　　　　　　　　　　　　　　　　　　　　　　　　　　　]。

(2) I study English hard because I like it.

[　　　　　　　　　　　　　　　　　　　　　　　　　　　　]。

(3) The teacher made him a good pianist.

先生は[　　　　　　　　　　　　　　　　　　　　　　　　]。

(4) Please keep the door open.

[　　　　　　　　　　　　　　　　　　　　　　　　　　　　]。

4 日本語に合うように，( )内の語句を並べかえなさい。(8 点 × 2)

(1) トムは眠かったが，宿題を終えました。

Tom (sleepy, he, his, though, finished, was, homework).
Tom ＿＿＿＿＿＿＿＿＿＿＿＿＿＿＿＿＿＿＿＿＿＿＿＿＿＿ .

(2) 寝る前には，窓を閉めなさい。

Close (bed, you, the windows, before, to, go).
Close ＿＿＿＿＿＿＿＿＿＿＿＿＿＿＿＿＿＿＿＿＿＿＿＿＿ .

Check Points

❶ 〈命令文＋and〉と〈命令文＋or〉の違いに注意。⇨ **1** (4)

Run fast, **and** you'll be in time.
　　　　「そうすれば〜」

Run fast, **or** you'll be late for school.
　　　　「そうしないと〜」

❷ 「〜ということ」の意味の that の省略に注意。⇨ **1** (3), **2** (1), **3** (1)

He thinks (**that**) you are kind.
　　　　　　　　➡ that の前後は〈主語＋動詞〉。この that は省略できる。

❸ 語順に気をつけるべき文型。⇨ **1** (5), **2** (2)・(3)・(5)・(6), **3** (3)・(4)

You **look** tired. 〈第 2 文型〉　　　I **call** him Jim. 〈第 5 文型〉
「〜に見える」　➡ 形容詞　　　　「呼ぶ」「〜を(人)」「…と(名前)」

- -

Key Words

1 □ hurry up「急ぐ」

2 □ win「勝つ」　　□ look 〜「〜のように見える」

3 □ pianist「ピアニスト」　　□ keep は「そのままにしておく」ことを表す。

21

第5日 入試実戦テスト

時間 40 分　合格 80 点　得点 ／100

解答→別冊 7, 8 ページ

1 ( )内の正しいものを選びなさい。(6 点 × 4)

(1) When she heard the news, her face (ア sounded　イ began　ウ turned　エ played) red.〔秋田〕

(2) Her friends (ア call　イ calls　ウ is called　エ are called) her Sachi.〔神奈川〕

(3) She enjoyed swimming (ア when　イ during　ウ as　エ if) the summer vacation.〔栃木〕

(4) Be careful (ア for　イ when　ウ but　エ during) you use this machine.〔関西学院高〕

2 2 文がほぼ同じ内容になるように, ____ に適語を書きなさい。(5 点 × 3)

(1) { When he read the letter, he became very happy.
　　The letter _____ him very happy.〔高知〕

(2) { Tom bought me some flowers.
　　Tom bought some flowers _____ _____.〔郁文館高〕

(3) { If you don't try harder, you won't win the game.
　　_____ _____, _____ you won't win the game.〔青雲高〕

3 次の文を 1 か所区切って読むとすれば, どこで区切るのが最も適切ですか。記号を選びなさい。(5 点 × 3)

(1) Wash / your / hands / before / you sit / at the table.
　　　ア　　イ　　ウ　　エ　　オ

(2) I cannot / go to college and / become a scientist / if I don't
　　　　ア　　　　　イ　　　　　　　ウ
study / very hard.〔新潟〕
　エ

(3) One of / my friends / said / it was / very beautiful.〔茨城〕
　　ア　　　イ　　ウ　　エ

22

4 日本文に合うように，＿＿＿に適語を書きなさい。(6点×3)

(1) これらの俳句は彼をとても有名にした。〔山形―改〕

These *haiku* ＿＿＿＿ ＿＿＿＿ ＿＿＿＿ ＿＿＿＿.

(2) 新聞には，明日は曇りでしょうと書いてあります。〔茨城高〕

The newspaper ＿＿＿＿ that it will be cloudy tomorrow.

(3) 暗くならないうちに家に帰ってきなさい。〔広島大附高〕

You must come home ＿＿＿＿ ＿＿＿＿ ＿＿＿＿ ＿＿＿＿.

重要 **5** ( )内の語を並べかえなさい。(7点×4)

(1) I (you, learn, many, hope, will) things there. 〔長野〕

I ＿＿＿＿＿＿＿＿＿＿＿＿＿＿＿＿＿＿＿ things there.

(2) (made, a, they, baseball, him, player). 〔法政大第二高〕

＿＿＿＿＿＿＿＿＿＿＿＿＿＿＿＿＿＿＿＿.

(3) "What (this food, you, call, do) in Japanese?" "It's *onigiri*. It's my favorite food." 〔愛媛〕

What ＿＿＿＿＿＿＿＿＿＿＿＿＿＿＿ in Japanese?

(4) カナダにいる間に，たくさんの有名な場所を訪れました。〔宮城―改〕

I visited (while, many, I, Canada, famous, was, places, in).

I visited ＿＿＿＿＿＿＿＿＿＿＿＿＿＿＿＿＿.

┌─ ここ をおさえる！ ─────────────────────┐

2 「～すると…になる」の文は，make を使った文に書きかえられる。⇨ (1)

When I heard the news, I became happy.

　「そのニュースを聞いて，私は幸せになりました。」

→ The news **made** me happy. 「そのニュースは私を幸せにしました。」

4 if, when, before などの接続詞の後では，未来のことでも現在形で表す。⇨ (3)

If it **is** fine tomorrow, I will go out.

　現在形　「明日」＝未来　　「もし明日天気がよければ，私は出かけます。」

　　→ 条件を表す接続詞「もし～なら」

└─────────────────────────────┘

Key words
1 □ machine「機械」
3 □ scientist「科学者」

23

第6日　受け身

時間 30分　　得点 /100

解答→別冊 8 ページ

基本例文

1. That room **is cleaned** by Ken. その部屋は健によって**掃除されます**。
2. This book **was written** by Soseki. この本は漱石によって**書かれました**。
3. **Is** this cat **called** Tama? このねこはタマ**と呼ばれています**か。
4. She **is known to** many people. 彼女は多くの人**に知られています**。
5. What language **is spoken** in Canada? カナダでは何語が**話されています**か。

1 （　）内の正しいものを選びなさい。(5点×5)

(1) The actor is (ア love　イ loves　ウ loved) by young people.

(2) This bag was (ア make　イ making　ウ made) many years ago.

(3) (ア Was　イ Were　ウ Did) these cakes made by your mother?

(4) I'm (ア interest　イ interested　ウ interesting) in baseball.

(5) The top of the mountain is covered (ア of　イ with　ウ at) snow.

2 日本文に合うように，＿＿に適語を書きなさい。(5点×3)

(1) この手紙は英語で書かれていました。

This letter ＿＿＿＿＿ ＿＿＿＿＿ in English.

(2) その犬はポチと呼ばれていますか。

＿＿＿＿＿ the dog ＿＿＿＿＿ Pochi?

(3) あの車はいつ作られましたか。

＿＿＿＿＿ was that car ＿＿＿＿＿ ?

3 2文がほぼ同じ内容になるように，＿＿に適語を書きなさい。(5点×4)

(1) ⎰ Ken loves Mary.
　 ⎱ Mary is ＿＿＿＿＿ by ＿＿＿＿＿.

(2) ⎰ Emi introduced them at the party.
　 ⎱ They ＿＿＿＿＿ introduced ＿＿＿＿＿ Emi at the party.

(3) ⎰ Did Mike give you this present?
　 ⎱ ＿＿＿＿＿ this present ＿＿＿＿＿ to you by Mike?

(4)
$\begin{cases} \text{We can't see Mt. Fuji from here.} \\ \text{Mt. Fuji can't _____ _____ from here.} \end{cases}$

4 次の日本文を英語にしなさい。(10 点 × 4)

(1) この辞書は健(Ken)に使われています。

_____

(2) いつあなたはそのパーティーに招待されましたか。

_____

(3) その作家(writer)により，多くの本が書かれました。

_____

(4) 私はそのニュースに驚きました。

_____

Check Points

❶ 能動態→受け身の書きかえは時制に注意。⇨ **3**

Everyone **loves** you.　　　I **visited** him.
　　　　↓現在形　　　　　　　　　↓過去形
You **are** loved by everyone.　He **was** visited (by me).
　be 動詞は現在形の are に　　　be 動詞は過去形の was に

❷ 疑問詞のある受け身の疑問文は，語順に注意。⇨ **2** (3)，**4** (2)

When **was** this bag **carried**?
疑問詞　　　疑問文の語順

❸ 受け身の文でも by 〜 が使われない場合がある。⇨ **1** (4)・(5)，**4** (4)

Mike is known **to** everyone.
　「〜に知られている」
You'll be surprised **at** the accident.
　「〜に驚く」
She is interested **in** cooking.
　「〜に興味がある」

Key Words
1 □ actor「俳優」　□ be interested in 〜「〜に興味がある」
3 □ introduce「〜を紹介する」
4 □ invite「招待する」　□ be surprised at 〜「〜に驚く」

入試実戦テスト

時間 40分　**合格** 80点　得点 ／100

解答→別冊9, 10ページ

1 （　）内の正しいものを選びなさい。(5点×3)

(1) The movie was （ ア make　イ makes　ウ made　エ be made ） by Mr. Kitayama last year. 〔神奈川〕

(2) Many languages （ ア is spoken　イ is speaking　ウ are spoken　エ are speaking ） in Australia. 〔栃木〕

(3) "Do you know that cheese is made （ ア from　イ into　ウ of　エ for ） milk?" "Of course, I do." 〔高知学芸高〕

重要 2 2文がほぼ同じ内容になるように，____に適語を書きなさい。(4点×5)

(1) { I was interested in the story.
　　{ The story was _____ to me. 〔長崎〕

(2) { Did your grandfather take the pictures?
　　{ _____ the pictures _____ by your grandfather?
　　〔法政大第二高〕

(3) { People don't know anything about the mountain.
　　{ _____ is known about the mountain. 〔長崎〕

(4) { We learn English from Mr. Yamada.
　　{ _____ are taught English _____ Mr. Yamada.
　　〔東京学芸大附高一改〕

(5) { My house is 40 years old now.
　　{ My house _____ _____ 40 years ago. 〔洛南高〕

3 日本文に合うように，____に適語を書きなさい。(3)は指示に従って書きかえなさい。(7点×3)

(1) この絵はだれがかいたの？〔ラ・サール高〕

Who was _____ _____ _____ _____ ?

(2) その車の事故で10人以上が死んだ。〔城北高一改〕

More than ten people _____ _____ in the car _____.

(3) You will be taken care of by the leader.（下線部を主語にして）

_____
〔穎明館高一改〕

記述 **4** 次の日本文を英語にしなさい。(7点×2)

(1) 昨夜，ぼくの誕生パーティーが開かれました。〔香川〕

_____

(2) この本は英語で書かれています。〔愛媛—改〕

_____

重要 **5** （ ）内の語句を並べかえなさい。(6点×5)

(1) What kind of (in, sports, are, interested, you)?〔千葉〕
What kind of _____ ?

(2) This song (sung, by, is, a famous singer).〔宮崎—改〕
This song _____ .

(3) 隣の教室には生徒は見あたりませんでした。〔実践学園高〕
(no, the, seen, students, be, next, in, could) classroom.
_____ classroom.

(4) この鳥は英語で何と言うの。〔青雲高〕
(bird, is, called, English, this, in, what)?
_____ ?

(5) 彼は日本で最も上手なプレーヤーの一人として知られています。〔宮崎—改〕
He (is, as, one, known) of the best players in Japan.
He _____ of the best players in Japan.

> ここ をおさえる！ ------------------------------

> **2** 能動態と受け身の文は，主語と目的語が入れかわる。⇨(2)
> もとの文の目的語が，書きかえの文で主語になっていたら，受け身を考えよう。
>
> Tom uses this bag.   This bag **is used** by Tom.
>   → 目的語   → 主語
>
> **3** 動詞の連語を使った受け身の文⇨(3)
> 文の動詞が，take care of, look after など，2語以上の語からなる連語である場合，その文を受け身にするときは，連語を**ひとかたまりの動詞**と考える。

---

1 □ cheese「チーズ」
3 □ take care of ～「～を世話する」   □ leader「リーダー」

27

第7日 現在完了

時間 30分　得点 /100

解答→別冊 10, 11 ページ

基本例文

1. He **has just finished** his homework. 彼はちょうど宿題を終えたところです。
2. **Have** you **eaten** lunch **yet**? あなたはもう昼食を食べてしまいましたか。
3. I **have been** to Kyoto **three times**. 私は3回京都に行ったことがあります。
4. **Have** you **ever seen** the movie? あなたは今までにその映画を見たことがありますか。
5. Emi **has studied for two hours**. 江美は2時間ずっと勉強しています。

1 （　）内の正しいものを選びなさい。(4点×4)

(1) Tom（ア is　イ have　ウ has）already read this book.

(2) You have（ア see　イ seeing　ウ seen）Tom before.

(3) Have you done the work（ア ago　イ yet　ウ ever）？

(4) My father has（ア be　イ been　ウ being）reading a book since this morning.

2 日本文に合うように，＿＿に適語を書きなさい。(6点×4)

(1) 私は昨年から健を知っています。

I have ＿＿＿＿＿ Ken ＿＿＿＿＿ last year.

(2) 太郎がちょうど私に電話をしてきたところです。

Taro ＿＿＿＿＿ ＿＿＿＿＿ called me.

(3) どのくらいの間，あなたは勉強していましたか。—1時間です。

How ＿＿＿＿＿ have you studied? — ＿＿＿＿＿ an hour.

(4) 私の息子はライオンを見たことがありません。

My son ＿＿＿＿＿ ＿＿＿＿＿ seen a lion.

3 次の日本語を完成しなさい。(6点×4)

(1) Has Bill gone home yet?

[　　　　　　　　　　　　　]。

(2) We have not seen Mr. Toda for a long time.

私たちは[　　　　　　　　　　　]。

(3) How many times have you seen this movie?

あなたは [   ]。

(4) They have not cleaned the classroom yet.

彼らは [   ]。

4 （　）内の語を並べかえなさい。(8点 × 2)

(1) My mother (made, already, dinner, has).

My mother _____.

(2) (never, read, books, we've, English, any).

_____.

5 次の日本語を英語にしなさい。(10点 × 2)

(1) 私は長い間，新しいコンピュータを買いたいと思っています。

_____

(2) あなたはフランスに行ったことがありますか。

_____

第 7 日

Check Points

❶ 「～から」には from は使わない。⇨ **2** (1)

「～以来」という意味の「～から」は **since** で表す。

❷ 現在完了の用法は，文中の語句で見分ける。⇨ **3**

• already, yet, just……「～したところだ，～してしまった」〈完了用法〉

• before, ～ times, ever, never……「～したことがある」〈経験用法〉

• for, since, how long……「ずっと～している」〈継続用法〉

❸ yet は疑問文・否定文で意味がちがう。⇨ **3** (1)・(4)

Have you studied **yet** ?
疑問文　「もう～しましたか」

I have not studied **yet** .
否定文　「まだ～していません」

Key words

1 □ before「以前に」

3 □ how many times「何度」

5 □ France「フランス」

第7日 入試実戦テスト

時間 40分　合格 80点　得点 /100

解答→別冊11ページ

重要 1 （　）内の正しいものを選びなさい。(4点×5)

(1) Have you （ ア write　イ wrote　ウ written　エ writing ） the letter yet? 〔島根〕

(2) Have you ever （ ア see　イ saw　ウ seen　エ seeing ） snow? 〔沖縄〕

(3) I came here （ ア a month ago　イ for a month　ウ a month　エ since last month ）. 〔都立国際高一改〕

(4) My brother （ ア has been　イ will come　ウ went　エ leaves ） in Korea for a week. 〔秋田〕

(5) （ ア What　イ Which　ウ Why　エ How ） long have you lived in Tokyo? 〔神奈川〕

2 2文がほぼ同じ内容になるように, ＿＿に適語を書きなさい。(4点×4)

(1)
It's been two years since he first saw her.
He has ＿＿＿＿＿ her for two years. 〔東京学芸大附高一改〕

(2)
This is the highest building I have ever seen.
I have ＿＿＿＿＿ seen such a high building. 〔佐賀〕

(3)
Tom started eating dinner, and he is still eating.
Tom ＿＿＿＿＿ ＿＿＿＿＿ eating his dinner yet.
〔神奈川県立湘南高一改〕

(4)
It has been seven years since my grandmother died.
My grandmother ＿＿＿＿＿ ＿＿＿＿＿ ＿＿＿＿＿ for seven years. 〔開成高〕

重要 3 日本文に合うように, ＿＿に適語を書きなさい。(8点×3)

(1) あなたは何回東京ドームに行ったことがありますか。〔駒込高〕

＿＿＿＿＿ ＿＿＿＿＿ ＿＿＿＿＿ have you been to Tokyo Dome?

(2) それ以来, 私たちは親しくしています。〔京都〕

We ＿＿＿＿＿ ＿＿＿＿＿ good friends since then.

(3) 彼女は30分間ずっと走っています。

She ＿＿＿＿＿ ＿＿＿＿＿ ＿＿＿＿＿ for thirty minutes.

(記述) **4** 次の日本文を英語に，英文を日本語にしなさい。(8 点 × 3)

(1) あなたはこれまでに，この伝統的な祭りを見たことがありますか。〔福島一改〕

_____

(2) I was sad because I wanted you here as you've always been.

〔早稲田実業学校高〕

_____

(3) ぼくは長い間ずっとこの辞書がほしかったのです。〔愛媛〕

_____

5 ( )内の語を並べかえなさい。(8 点 × 2)

(1) I (Tokyo, have, for, in, lived) ten years. 〔神奈川一改〕

I _____ ten years.

(2) (the, that, ever, this, I've, saddest, is, seen, movie).

〔法政大第二高〕

_____.

╭─ **ここ** をおさえる！ ─────────────────────────

2 **動作や状況の開始時点が示され，現在もそれが続いていたら現在完了。**⇨ (1)・(4)

He came to Japan last year .　 He is still in Japan.
　　　　　　　　　└──▶ 日本に来た時点　└──▶ 現在の状態（今もいる）

→ He **has been** in Japan **since** last year .

最上級との書きかえは，never(not)を使った現在完了の文に。⇨ (2)

This is the most beautiful bird I **have ever seen**.
　　「これまで見たうちで最も美しい鳥」

→ I **have never seen** such a beautiful bird.
　　「こんなに美しい鳥は見たことがない」

3 **「～に行ったことがある」に go は使わない。**⇨ (1)

She has **been** to Hawaii.
　　　　└──▶「ハワイに行ったことがある」という事実を述べる。

She has **gone** to Hawaii.
　　　　└──▶「ハワイに行ってしまった」→行ってしまって今はここにいない。

─────────────────────────────────────

2 □ since ～「～して以来」

4 □ traditional「伝統的な」　 □ festival「祭り」
　　□ sad「悲しい」　 □ as ～「～のように」　 □ for a long time「長い間」

第8日 分詞・間接疑問文

⏱時間 30分　得点 /100

解答→別冊12ページ

基本例文

1. I know that **sleeping baby.** 　私はあの**眠っている赤ちゃん**を知っています。
2. I know **the boy running** over there. 　私は向こうで**走っている少年**を知っています。
3. This **is the window broken** by the wind. 　これがその風に**壊された窓**です。
4. Do you know **who that man is?** 　あなたは**あの男の人がだれか**知っていますか。
5. He knows **when Keiko will come**. 　彼は**恵子がいつ来るか**知っています。

1 （　）内の正しいものを選びなさい。(4点×5)

(1) That（ア sing　イ sings　ウ singing）man is Mr. Kato.

(2) He likes watches（ア makes　イ made　ウ making）in Japan.

(3) I know（ア where　イ when　ウ what）Mike lives.

(4) Tell me why he（ア come　イ coming　ウ came）here so early.

(5) I want to know what（ア is this　イ this is）.

2 日本文に合うように，＿＿に適語を書きなさい。(6点×4)

(1) 彼女は私に割れたカップを見せました。

　　She showed me a ＿＿＿＿＿＿ cup.

(2) 向こうで本を読んでいる少年はだれですか。

　　Who is the boy ＿＿＿＿＿＿ a book over there?

(3) だれがこの手紙を書いたか知っていますか。

　　Do you know ＿＿＿＿＿＿ ＿＿＿＿＿＿ this letter?

(4) 健が何を持っているのか教えてください。

　　Please tell me ＿＿＿＿＿＿ Ken ＿＿＿＿＿＿.

3 （　）内の語句を並べかえなさい。(6点×4)

(1)（is, the boy, over there, swimming）my brother.

　　＿＿＿＿＿＿＿＿＿＿＿＿＿＿＿＿＿＿＿＿＿ my brother.

(2) English is（this, spoken, the language, in, country）.

　　English is ＿＿＿＿＿＿＿＿＿＿＿＿＿＿＿＿＿＿＿.

(3) Do you know (pencil, is, my, where)?

Do you know _____?

(4) I want to (you, how, answered, question, this, know).

I want to _____.

4 次の英文を日本語に, 日本文を英語にしなさい。(8 点 × 4)

(1) Please tell me what time she came home yesterday.

[   ]私に教えてください。

(2) These are the pictures taken in Australia last year.

これらは[   ]です。

(3) 私はこの寺(temple)がいつ建てられたのか知りません。

_____

(4) 私はトム(Tom)がなぜ日本に来たか知っています。

_____

Check Points

❶ 分詞は現在分詞(動詞の -ing 形)と過去分詞の 2 つ。

⇨ **1** (1)・(2), **2** (1)・(2), **3** (1)・(2), **4** (2)

• 現在分詞「～している」

• 過去分詞「～された, ～されている」

❷ 修飾する語句が分詞 1 語だけなら名詞の前, 2 語以上なら名詞の後に置く。

⇨ **1** (1)・(2), **2** (1)・(2), **3** (1)・(2), **4** (2)

the swimming girl   the girl swimming in the pool
   1 語   2 語以上

the broken window   the window broken by Tom
   1 語   2 語以上

❸ 間接疑問文では, 疑問詞の後は平叙文の語順。

⇨ **1** (3)・(4)・(5), **2** (3)・(4), **3** (3)・(4), **4** (1)・(3)・(4)

I know. ＋ What **does he like**?   Tell me. ＋ Who **came** here?

I know what **he likes**.   Tell me who **came** here.

平叙文の語順   疑問詞が主語の場合, 語順はそのまま

Key Words   **3** □ language「言語」   □ question「質問」

4 □ Australia「オーストラリア」

第**8**日 **入試実戦テスト**

時間 40 分	**得点**
合格 80 点	/100

解答→別冊 12，13 ページ

1 （ ）内の正しいものを選びなさい。（5 点 × 4）

(1) Dolls （ ア wear　イ wearing　ウ to wear　エ worn ） beautiful *kimonos* are displayed in homes. 〔宮城一改〕

(2) This is a room （ ア will use　イ are used　ウ is using　エ used ） by my sister. 〔神奈川〕

(3) This is a book （ ア write　イ wrote　ウ written　エ writing ） about 70 years ago. 〔島根一改〕

(4) The woman （ ア playing　イ plays　ウ play　エ is playing ） the piano in the music room is my teacher. 〔栃木〕

2 2 文がほぼ同じ内容になるように，＿＿に適語を書きなさい。（6 点 × 3）

(1) { I don't know her favorite food.
　　I don't know what ＿＿＿＿ she ＿＿＿＿ best. 〔清風高〕

(2) { This is a book which Dazai Osamu wrote.
　　This is a book written ＿＿＿＿ Dazai Osamu. 〔三重〕

(3) { Do you know his address?
　　Do you know where ＿＿＿＿ ＿＿＿＿? 〔郁文館高〕

3 日本文に合うように，＿＿に適語を書きなさい。（7 点 × 4）

(1) 彼らがどこの出身かあなたは知っていますか。〔駒込高一改〕

Do you know ＿＿＿＿ ＿＿＿＿ ＿＿＿＿ from?

(2) 丘の上に立っている教会は 50 年前に建てられた。〔巣鴨高〕

The ＿＿＿＿ ＿＿＿＿ on the hill was ＿＿＿＿ fifty years ago.

(3) 向こうで田中さんに話しかけている男の人はだれですか。〔城北高〕

Who is the man ＿＿＿＿＿＿ ＿＿＿＿＿＿ Mr. Tanaka ＿＿＿＿ ＿＿＿＿?

(4) いつになったら雨がやむのだろう。〔ラ・サール高〕

I wonder when ＿＿＿＿ ＿＿＿＿ ＿＿＿＿ ＿＿＿＿.

4 次の文を１か所区切って読むとすれば，どこで区切るのが最も適切ですか。記号を選びなさい。(6点)〔広島〕

She is / a famous / singer / loved by / many young people.
　　ア　　　　イ　　　　ウ　　　　エ

重要 **5** (　)内の語句を並べかえなさい。(7点×4)

(1) 父は私にスイス製の時計を買ってくれました。〔沖縄〕

My father bought (a watch, in, me, made) Switzerland.

My father bought ＿＿＿＿＿＿＿＿＿＿＿＿＿＿ Switzerland.

(2) (talking, who, the man, with, is) the students? 〔福島—改〕

＿＿＿＿＿＿＿＿＿＿＿＿＿＿＿＿＿ the students?

(3) 私は彼女が何時にこの部屋を出たのか知りません。〔実践学園高〕

I (this, time, know, room, don't, left, she, what).

I ＿＿＿＿＿＿＿＿＿＿＿＿＿＿＿＿＿.

(4) 私はそれらがどれほど重要かはわかっていた。〔東大寺学園高—改〕

(I, how, knew, were, they, important).

＿＿＿＿＿＿＿＿＿＿＿＿＿＿＿＿＿.

┌─ ここ をおさえる！ ─

1 名詞と，それを修飾する分詞との関係で，現在分詞と過去分詞を使い分ける。

・名詞と分詞(動詞)が**「〜が…する」**の関係→**現在分詞**に

　the girl **taking** pictures
　　　　　 └──── The girl is taking pictures. という文がかくれていると考える。

　「少女が写真をとる」の関係→「写真を**とっている**少女」

・名詞と分詞(動詞)が**「〜が…される」**の関係→**過去分詞**に

　the pictures **taken** by her
　　　　　　 └──── The pictures are taken by her. という文がかくれていると考える。

　「写真がとられる」の関係→「彼女によって**とられる**写真」

Key Words
2 □ favorite「大好きな」
3 □ church「教会」
5 □ Switzerland「スイス」

第9日 関係代名詞

解答→別冊 13，14 ページ

基本例文

1. The boy **who** is playing there is Mike. そこで遊んでいる少年はマイクです。
2. He has a bird **which** sings beautifully. 彼は美しくさえずる鳥を飼っています。
3. I ate the cake (**that**) Mary made. 私はメアリーが作ったケーキを食べました。
4. I read the book (**which**) Tom gave me. 私はトムが私にくれた本を読みました。
5. These are notebooks I'm using now. これらは今私が使っているノートです。

1 日本文に合うように，＿＿に適語を書きなさい。(5 点 × 4)

(1) 長い髪をしたその少女は江美です。

The girl ＿＿＿＿＿ has long hair is Emi.

(2) ジェーンが作った昼食はとてもおいしかったです。

The lunch ＿＿＿＿＿ Jane made was very good.

(3) 彼が書いた本はとてもおもしろい。

The book ＿＿＿＿＿ ＿＿＿＿＿ is very interesting.

(4) 1000 年以上も前に建てられたお寺を見せてあげよう。

I'll show you a temple ＿＿＿＿＿ ＿＿＿＿＿ built more than 1000 years ago.

2 次の日本語を完成しなさい。(7 点 × 5)

(1) Look at the girl who is sitting on that bench.

[　　　　　　　　　　　　　　　　　　　　　]をごらんなさい。

(2) We ate the fish that he caught yesterday.

私たちは[　　　　　　　　　　　　　　　　　]。

(3) She is the girl who won the first prize in the speech contest.

彼女は[　　　　　　　　　　　　　　　　　　]。

(4) Is this the key you lost yesterday?

これは[　　　　　　　　　　　　　　　　　　]。

(5) The house that was built on the hill is ours.

[　　　　　　　　　　　　　　　　　]は私たちのものです。

3 日本語に合うように，（ ）内の語句を並べかえなさい。(7点 × 3)

(1) あなたには，韓国に住んでいる友達がいますか。

(have, live, you, do, any friends, in Korea, who)?

_____?

(2) 彼のお父さんは速く走る車が必要です。

(a car, needs, which, fast, run, his father, can).

_____.

(3) あなたが長い間ほしがっていた靴を買ってあげよう。

(wanted, you, the shoes, you, I'll, buy, have, for a long time).

_____.

4 2文がほぼ同じ内容になるように，____に適語を書きなさい。(8点 × 3)

(1) { I like these pictures. Takako took them.
{ I like these _____ _____ Takako took.

(2) { Show me the cups broken by Tom.
{ Show me the cups _____ _____ broken by Tom.

(3) { The story was true. Ken told the story to us.
{ The story _____ _____ us was true.

Check Points

❶ 関係代名詞は，先行詞と文中での働きで使い分ける。⇨ **1**, **2**, **3**, **4**

I know the man **who** is standing there.
　　　　先行詞「人」　　　　→ 後に動詞が続いている。→主語の働き→主格

The cat **which** is walking over there is Emi's.
先行詞「動物」　　　　→ 後に動詞が続いている→主語の働き→主格

The man **that** I helped is John.
先行詞「人」　　　　→ 後に〈主語＋動詞〉が続いている。→目的語の働き→目的格

❷ that〔which〕が省略された文に注意する。⇨ **1** (3), **2** (4), **3** (3), **4** (3)
目的格の **that**〔**which**〕は省略可能。文の途中に〈主語＋動詞〉があったら，前に that〔which〕が入るかどうか考えてみよう。

Key Words　**2** □ caught は catch「とらえる，つかまえる」の過去形
　　　　　3 □ Korea「韓国」
　　　　　4 □ true「本当の」

入試実戦テスト

時間 40 分　**合格** 80 点　得点 ／100

解答→別冊 14 ページ

1 （　）内の正しいものを選びなさい。(5 点 × 4)

(1) He is a baseball player (ア who　イ what　ウ which) plays in the major league in the United States. 〔宮崎〕

(2) Look at the white house (ア who　イ whose　ウ what エ which) stands on the hill. 〔沖縄〕

(3) The woman who has stayed at my house for two months (ア am　イ is　ウ are　エ to be) Ms. Carpenter. 〔神奈川〕

(4) The old man (ア I saw him　イ I saw who　ウ who saw I エ I saw) yesterday is my best friend's grandfather. 〔関西学院高一改〕

重要 2 2 文がほぼ同じ内容になるように，＿＿に適語を書きなさい。(5 点 × 4)

(1) { Look at the girl with long hair.
Look at the girl who ＿＿＿＿＿ long hair. 〔佐賀〕

(2) { Mary painted a picture and it was very beautiful.
The picture ＿＿＿＿＿ ＿＿＿＿＿ was very beautiful. 〔城北埼玉高〕

(3) { I didn't know the man walking across the street.
I didn't know the man ＿＿＿＿＿ ＿＿＿＿＿ walking across the street. 〔関西学院高〕

(4) { All the students in my class can use a computer.
There are no students in my class ＿＿＿＿＿ ＿＿＿＿＿ use a computer. 〔愛光高〕

3 次の英文を日本語にしなさい。(8 点 × 2)

(1) I'll show you a *yukata* which was made about fifty years ago.

〔奈良一改〕

[　　　　　　　　　　　　　　　　　　　　　]

(2) He had no idea what kind of answer they wanted.

〔ラ・サール高一改〕

[　　　　　　　　　　　　　　　　　　　　　]

4 次の文を1か所区切って読むとすれば，どこで区切るのが最も適切ですか。記号を選びなさい。(7点 × 2)

(1) The story / my friend told me / this morning / was / so
　　　　　　ア　　　　　　イ　　　　　　ウ　　　　　エ

exciting.〔広島〕

(2) Something / that happened / last Sunday / made it / clear.
　　　　ア　　　　イ　　　　　　ウ　　　　　エ

〔滋賀〕

重要 **5** （　）内の語を並べかえなさい。(10点 × 3)

(1) Today the technology (lives, makes, which, our, use, better,
we).〔福島〕

Today the technology _____.

(2) The (made, cake, father, was, your) delicious!〔宮城〕

The _____ delicious!

(3) 彼は月を歩いた最初の人になった。〔鳥取―改〕

He (on, first, that, the, moon, the, walked, became,
man).

He _____.

┌───┐
　　ここ をおさえる！

3 日本語訳の問題では，関係代名詞を含むひとかたまりの語句をまずつかもう。

　①〈名詞（代名詞）＋関係代名詞を含む語句〉をまずさがす。

　②①の語句が，文の中でどんな働き（主語・目的語など）をするかを考える。

　I have a book **that** Soseki wrote .「漱石が書いた本」

　主語　動詞　┃目的語（先行詞）
　　　　　└──修　飾──┘

4 文の区切れは，意味の区切れる場所にある。

　• 意味のまとまりの語句の前後に区切れがある。

　The bag which your father gave to you / is nice.
　└──────この文の主語──────┘　└ ここで区切れる

　「あなたのお父さんがあなたにあげたバッグはすてきです。」
└───┘

3 □ yukata「浴衣」

4 □ happen「起こる」　　□ clear「明らかな」

5 □ technology「技術」

第10日 文構造・仮定法

解答→別冊 15 ページ

基本例文

1. **I'm glad that** he joined us.　　　彼が参加してくれて, **私はうれしいです。**
2. **Rika told me that** she would come by two.　理佳は私に 2 時までに来ると言いました。
3. **If I had more money**, I could buy many toys.　もっとお金があれば, たくさんおもちゃを買えるのに。
4. **I wish** I had a younger brother.　　私に弟がいたらなあ。

1 （　）内の正しいものを選びなさい。(3 点 × 4)

(1) I was happy that you (ア give　イ gave　ウ giving) me the present.

(2) Mr. Kimura (ア said　イ spoke　ウ told) us that it would rain in the afternoon.

(3) If I (ア am　イ were　ウ be) you, I would ask my best friend to help me.

(4) I wish I (ア were　イ can　ウ could) run as fast as Ken.

2 日本文に合うように, ＿＿に適語を書きなさい。(6 点 × 3)

(1) 母は, それが真実ではないと私に言いました。

My mother ＿＿＿＿ me ＿＿＿＿ it wasn't true.

(2) もしもうひとつ傘を持っていたら, あなたに貸してあげるのに。

＿＿＿＿ I ＿＿＿＿ another umbrella, I would lend it to you.

(3) あなたが私のお姉さんだったらなあ。

I ＿＿＿＿ you ＿＿＿＿ my older sister.

3 2 文がほぼ同じ内容になるように, ＿＿に適語を書きなさい。(7 点 × 3)

(1) I was sad that I heard the news.

I was ＿＿＿＿ ＿＿＿＿ ＿＿＿＿ the news.

(2) Ms. Hattori said to us "I will come soon."

Ms. Hattori ＿＿＿＿ us ＿＿＿＿ ＿＿＿＿ ＿＿＿＿ come soon.

(3) I don't know his address so I can't write a letter to him.

If I ＿＿＿＿ his address, I ＿＿＿＿ ＿＿＿＿ a letter to him.

4 次の日本語を完成しなさい。(7点×3)

(1) If I were a bird, I could fly in the sky.

　　もし［　　　　　　　　　　　　　　　　　　　　　　　　　　　　　　］。

(2) I was surprised that he got angry suddenly.

　　突然彼が［　　　　　　　　　　　　　　　　　　　　　　　　　　　　］。

(3) I'm sure that many people will live with a robot in the future.

　　私は，将来たくさんの人たちが［　　　　　　　　　　　　　　　　　　］。

5 次の(　)内の語句を並べかえなさい。(7点×4)

(1) (you, the song, that, I, glad, like, am).

　　_____.

(2) She (she, that, about, me, know, told, didn't) it.

　　She _____ it.

(3) (million, had, a, I, yen, wish, I).

　　_____.

(4) (today, were, it, sunny, if), we could go hiking.

　　_____, we could go hiking.

Check Points

❶ 接続詞 that を使った文では，時制に注意する。⇨ **1** (1)，**2** (2)，**3** (1)•(2)

Rika <u>told</u> me <u>that</u> she <u>would</u> come by two.

　　　　　　　　　　told に合わせて過去形にする。

Mr. Smith <u>told</u> me <u>that</u> the sun <u>rises</u> in the east.

　　　　　　　　　　「太陽は東から昇る」のような不変の事実は，過去形にしない。

❷ 仮定法では，動詞・助動詞を過去形にする。⇨ **1** (3)•(4)，**2** (3)•(4)，**3** (3)

If I <u>had</u> more money, I <u>could</u> buy many toys.

I wish I <u>had</u> a younger brother. →〈I wish＋図〉で「～だったらなあ」の意味。

第10日 入試実戦テスト

⏱時間 40 分　合格 80 点　得点 ／100

解答→別冊 15, 16 ページ

1 ( )内の語を, 必要に応じて正しい形に直しなさい。(5 点 × 5)

(1) Tim often (tell) me that he wants to go abroad.

(2) I was surprised that she (say) like that.

(3) I hope that coronavirus (will) end soon.

(4) I wish I (have) my own room.

(5) If there (be) no pencils, it would be much more difficult for children in Japan to practice writing. 〔埼玉―'22〕

重要 **2** 2 文がほぼ同じ内容になるように, ____に適語を書きなさい。(5 点 × 4)

(1) Because I'm not a fish, I can't swim so fast.

_____ I were a fish, I _____ _____ so fast.

(2) He got angry to see the sight.

He got _____ _____ he _____ the sight.

(3) My father said to me "I can play the guitar."

My father _____ _____ _____ could play the guitar.

(4) I don't have enough time so I can't read books.

If I _____ enough time, I _____ _____ books.

3 次の( )内の語句を並べかえなさい。ただし, 不要な語が 1 語ある。(7 点 × 3)

(1) (missed, I, sorry, that train, I, would, that, am).

_____.

(2) My mother (many flowers, is, me, were, showed, there) in the park.

My mother _____ in the park.

(3) I (were, wish, at, better, I, playing, could) the piano. 〔神奈川〕

I _____ the piano.

記述 **4** 次の日本文を, ( )内の語を使って英語にしなさい。(10 点 × 2)

(1) 彼は私に, 疲れていると言いました。(told)

_____

(2) 上手に歌うことができたらなあ。(I)

---

5 次の会話文を読んで，あとの問いに答えなさい。(7点×2)〔福岡—改〕

Satoru : Are you going to play in the piano contest next week?

Kacy : Yes, I am. How did you know that?

Satoru : I met your sister at the station yesterday. <u>She told me about it then.</u> Are you nervous?

Kacy : I was nervous one month ago, but now I think I will enjoy playing the piano in front of everyone in the hall.

Satoru : Wow! ☐ Why can you think that way?

Kacy : Because I practiced many times. Now I believe I can do well.

Satoru : How wonderful!

(1) 下線部の文と同じ内容になるように，＿＿に適語を書きなさい。

Kacy's ＿＿＿＿＿ told ＿＿＿＿＿ ＿＿＿＿＿ Kacy ＿＿＿＿＿ ＿＿＿＿ in the piano contest.

(2) ☐ に入る最も適切な文を選びなさい。

ア If I were you, I couldn't think like that.

イ I know you're still nervous.

ウ I think you worry too much.

エ I wish you could join the contest.

┌─ **ここ** をおさえる！ ─────────────────────

5 代名詞が指すものを読み取る。

<u>She told me about it then.</u>(She＝ケーシーの姉妹，me＝サトル，it＝ケーシーがピアノコンテストで演奏すること)

⇒適切な単語に直して文を作る。

<u>Kacy's sister</u> told <u>Satoru</u> (that) Kacy would play in the piano contest.

└────────────────────────────

1 ☐ coronavirus will end「コロナウイルスが終息する」
2 ☐ sight「光景」
3 ☐ miss「～を逃す」 ☐ be better at「～がもっと得意だ(be good at の比較級)」
5 ☐ nervous「緊張した，神経質な」
☐ in front of「～の前で」 ☐ that way「そのように」

43

総仕上げテスト ①

解答→別冊 16, 17 ページ

1 （　）内の正しいものを選びなさい。(6 点 × 5)〔駒込高〕

(1) We'll stay at home if it（　　　）tomorrow.

　　ア rain　　イ rains　　ウ will rain　　エ will be rained

(2) We had（　　　）snow last winter.

　　ア not　　イ no　　ウ a big　　エ many

(3) This picture is the most beautiful（　　　）all.

　　ア in　　イ for　　ウ with　　エ of

(4) Ken doesn't know（　　　）to use this computer.

　　ア what　　イ which　　ウ how　　エ who

(5) How（　　　）does it take from here to the library?

　　ア many　　イ long　　ウ much　　エ often

記述 **2** 次の(1), (2)に指示されたことを英語で書きなさい。(25 点 × 2)

(1)　あなたは，文通相手である外国の友人から，スポーツをすることとスポーツを見ることのどちらが好きかとたずねられました。あなたは，どのような返事を書きますか。15 語以上の英語で書きなさい。〔静岡〕

_____

_____

_____

(2)　あなたは高校入学後，ホームステイをしながらアメリカの高校に短期留学することになり，滞在先の家族に手紙を書くことにしました。次のA～Dからあなたが体験したいことを1つ選んで，それについてたずねたい質問を含めて3文以上の英語で書きなさい。〔山形一改〕

　　A．スポーツに関すること　　　　B．芸術や文化的活動に関すること

　　C．学校での授業に関すること　　D．食べ物や食生活に関すること

_____

_____

_____

3 次の(1)〜(2)の資料について，それぞれの質問の答えとして最も適切なもの
を選びなさい。(10点 × 2) 〔島根〕

(1)

DEPARTURES			
TO	TIME	FLIGHT NO.	GATE
● Osaka	10:00	424	7
● Tokyo	10:35	246	5
● Osaka	12:50	426	6
● Tokyo	13:25	248	8

(注)
departure
「出発」

〔質問〕 It is 12 o'clock now. Kaori will go to Tokyo by plane.
Where should she go to take the plane?

ア GATE 7   イ GATE 5   ウ GATE 6   エ GATE 8

(2)

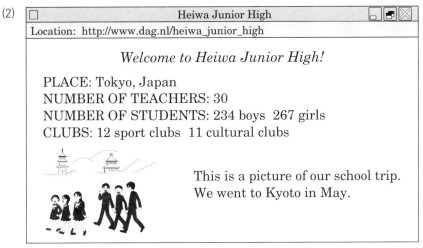

□	Heiwa Junior High	_ ⊡ ☒

Location: http://www.dag.nl/heiwa_junior_high

Welcome to Heiwa Junior High!

PLACE: Tokyo, Japan
NUMBER OF TEACHERS: 30
NUMBER OF STUDENTS: 234 boys 267 girls
CLUBS: 12 sport clubs 11 cultural clubs

This is a picture of our school trip.
We went to Kyoto in May.

(注) cultural「文化的な」

〔質問〕 What can we say about Heiwa Junior High School?

ア This school is in the west of Japan.
イ They went to Kyoto in fall.
ウ This school has about 500 students.
エ This school has about 10 clubs.

総仕上げテスト ②

⏱ 時間 60分　合格 70点　得点 ／100

解答→別冊 18, 19 ページ

1 次の会話文は，ジュディ（Judy）と京子（Kyoko）が年賀状について話している場面のものである。文章を読んで，あとの問いに答えなさい。〔静岡—改〕

Judy : Where did you get the beautiful postcard?

Kyoko : I made it at a history museum.

Judy : Do you mean you made *washi* by yourself?

Kyoko : [____①____] I made a small size of *washi*, and used it as a postcard.

Judy : Wonderful! But making *washi* isn't easy. (　②　) I were you, I would buy postcards at shops.

Kyoko : Well... You love traditional Japanese things, so I wanted to make a special thing for you by using *washi*. It was fun to ③(how, think about, could, create, I) a great *nengajo*.

Judy : Your *nengajo* was amazing! The *nengajo* gave me a chance ④to know an interesting part of Japanese culture. ⑤I found *washi* is not only beautiful but also important in your culture.

(1) ［①］に入る最も適切な文を選びなさい。(5点)

　ア　That's right.　　イ　Did you?　　ウ　I don't think so.

(2) (　②　)に入る最も適切な語を選びなさい。(5点)

　ア　Because　　イ　When　　ウ　If　　エ　Before

(3) 下線部③の語句を意味が通るように並べかえなさい。(7点)

　It was fun to ＿＿＿＿＿＿＿＿＿＿＿＿＿＿＿＿＿＿＿ a great *nengajo*.

(4) 下線部④と同じ用法の不定詞を含む文を選びなさい。(5点)

　ア　Nana will go to Italy to learn art.

　イ　Do you want something cold to drink?

　ウ　I hope to come to this theater again someday.

(5) 下線部⑤の英文を日本語にしなさい。(7点)

(記述) **2** あなたが夏休み中にしたことを，6 語以上の英語で書きなさい。(8 点)〔愛媛〕

_____

3 次の絵の内容に合うように，英文を完成させなさい。空欄には指定された語数の英語を書くこと。(12 点 × 4)〔茨城一改〕

(1)

(2)

(3)【クラスで人気の教科】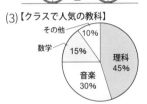

(4)【10月 新潟にいた期間】

日	月	火	水	木	金	土
				1	2	3
4	5	6	7	8	9	10
11	12	13	14	15	16	17
18	19	20	21	22	23	24
25	26	27	28	29	30	31

(1) My mother is ①_____ (1 語) a bike.

(2) There is a ②_____ (4 語) and there ③_____ (6 語) .

(3) In my class, ④_____ (1 語) is the most popular subject. Math ⑤_____ (4 語) as music.

(4) Today is ⑥_____ (1 語) twentieth. Last Thursday, I ⑦_____ (3 語) with my family and I stayed there for ⑧_____ (1 語) days.

(記述) **4** 次の地図で，★の場所にいるあなたが，郵便局までの行き方を人に説明する文を，英語で書きなさい。(15 点)〔富山一改〕

駅
郵便局 花屋 公園
本屋 花屋
本屋
公園 ★You are here.
中学校

_____

_____

_____

_____

試験における実戦的な攻略ポイント5つ

① 問題文をよく読もう！

問題文をよく読み，意味の取り違えや読み間違いがないように注意しよう。
選択肢問題や計算問題，記述式問題など，解答の仕方もあわせて確認しよう。

② 解ける問題を確実に得点に結びつけよう！

解ける問題は必ずある。試験が始まったらまず問題全体に目
を通し，自分の解けそうな問題から手をつけるようにしよう。
くれぐれも簡単な問題をやり残ししないように。

③ 答えは丁寧な字ではっきり書こう！

答えは，誰が読んでもわかる字で，はっきりと丁寧に書こう。
せっかく解けた問題が誤りと判定されることのないように注意しよう。

④ 時間配分に注意しよう！

手が止まってしまった場合，あらかじめどのくらい時間をかけるべきかを決めておこう。
解けない問題にこだわりすぎて時間が足りなくなってしまわないように。

⑤ 答案は必ず見直そう！

できたと思った問題でも，誤字脱字，計算間違いなどをしているかもしれない。ケアレ
スミスで失点しないためにも，必ず見直しをしよう。

受験日の前日と当日の心がまえ

前日

● 前日まで根を詰めて勉強することは避け，暗記したものを確認する程度にとどめておこう。
● 夕食の前には，試験に必要なものをカバンに入れ，準備を終わらせておこう。
　また，試験会場への行き方なども，前日のうちに確認しておこう。
● 夜は早めに寝るようにし，十分な睡眠をとるようにしよう。もし
　翌日の試験のことで緊張して眠れなくても，遅くまでスマートフ
　ォンなどを見ず，目を閉じて心身を休めることに努めよう。

当日

● 朝食はいつも通りにとり，食べ過ぎないように注意しよう。
● 再度持ち物を確認し，時間にゆとりをもって試験会場へ向かおう。
● 試験会場に着いたら早めに教室に行き，自分の席を確認しよう。また，トイレの場所も
　確認しておこう。
● 試験開始が近づき緊張してきたときなどは，目を閉じ，ゆっくり深呼吸しよう。

解答・解説

第 1 日　助動詞

▶ pp.4〜5

1 (1)イ　(2)ア　(3)ア　(4)ウ

2 (1)May〔Can〕　(2)must
(3)able to　(4)am going to

3 (1)駅への道を教えてくれません
か
(2)この仕事をする必要はありま
せん
(3)帰りましょうか
(4)本当かもしれません
(5)開けましょうか

4 (1)is going　(2)have to
(3)is able to　(4)Don't

解 説

1 助動詞の後の動詞は常に原形。

2 (3)was〔were〕able to は「過去に
実際にできたこと」を表す。

3 (1)Please show me the way to the
station. も同じ意味。
(3)Let's go home now. も同じ意味。
(4)may には「〜してもよい」「〜かも
しれない」などの意味があるので，状
況に応じて訳し分けること。

4 (1)will＝be going to「私の母は夜に
戻ってくるでしょう。」
(2)must＝have to「あなたはパスポー
トを持っていかなければなりません。」
(3)can＝be able to　be 動詞は主語に

応じて使い分ける。「メアリーはとて
も上手に歌うことができます。」
(4)must not＝Don't 〜.「今日は出かけ
てはいけません。」

入試実戦テスト pp.6〜7

1 (1)イ　(2)イ　(3)ウ　(4)イ

2 (1)mustn't　(2)cannot〔can't〕
(3)Shall

3 例(1)Will〔Can〕you close
〔shut〕the window(s)?
(2)May〔Can〕I put my bag
on this chair?
(3)May〔Can〕I talk〔speak〕
to Keiko?
(4)Will〔Can〕you tell〔teach〕
me more about this book?

4 (1)私たちは，この美しい自然を
私たちの子どもたちのために
守らなければなりません。
(2)答える前に，あなたにあるも
のを見せたいのです。
(3)この橋の名前を私に教えてく
れませんか。
(4)今日の午後は雨かもしれませ
ん。

5 (1)may I ask you a question
(2)I'd like to visit your
country
(3)What can we do for
(4)should listen to him

ひっぱると、はずして使えます。

1

1. (1) must は状況に応じて「～しなければならない」「～にちがいない」などの意味になる。ここでは must be tired で「疲れているにちがいない」という意味。
   (2)「彼女についてもっと私に話してくれませんか，由美。」
   (3)「あなたは納豆を食べられましたか。」
   (4)「窓を開けてもいいか」と聞かれているので，Yes, of course.「はい，もちろん」と答える。

2. (1)「教室でうるさくしてはいけません。」
   (2)「私たちは生きるために水が必要だ。」→「私たちは水なしでは生きることができない。」
   (3)「明日，釣りに行こう(か)。」

   > **ミス注意！** (2) can の否定形は，一般的には cannot または短縮形の can't を用い，can not と 2 語にはしないことに注意する。ただし，not を特に強調するときなどの特別な場合には 2 語で表すこともある。

3. 「～してくれませんか」と「～してもよろしいですか」のちがいに注意する。

4. (1)keep「(そのままの状態に)保つ，守る」
   (4)may は「～してもよい」のほかに，「～かもしれない」の意味がある。

5. (1)疑問文で( )内に I と may または can があれば，May I ～？または Can I ～？の文を考える。「すみませんが，質問してもよろしいですか。」という意味の文。
   (2)「いつかあなたの国を訪れたい。」
   (3)「私たちは子どもたちのために何ができるだろうか。」

▶ pp.8～9

1. (1)イ (2)イ (3)ウ (4)ア
2. (1)don't (2)Are (3)Did (4)weren't
3. (1)よく眠れませんでした
   (2)何人の生徒がいますか
   (3)あなたは何をしていましたか
   (4)英語を教えています
4. (1)This city has many parks
   (2)We had a good time
   (3)is afraid of dogs
   (4)We were not listening to music

---

1. (2)last year「昨年」があるので過去形。
   (4)easy は形容詞であることと，主語が単数であることから，Is が入る。

2. (4)「～していなかった」は過去進行形の否定文で表す。主語が複数(the children)なので，weren't となる。

3. (1)過去形の否定文は「～しなかった」の意味。not ～ well で「あまりよく～ない」。
   (3)what のある，過去進行形の疑問文。「何をしていましたか。」

4. (1)「都市が公園をたくさん持っている」と考える。英語らしい表現である。There are many parks in this city. とも言う。
   (4)進行形の文の否定文は，be 動詞の後に not がくる。

1 (1)**ア** (2)**イ** (3)**エ** (4)**イ**
(5)**エ**

2 (1)Our school has
(2)rained (3)good at
(4)teaches us
(5)goes, by bus

3 (1)with, was sitting
(2)Here
(3)ate 〔had〕, lot

4 (1)I went to the library last
Sunday.
(2)Why do the stars look very
small?

5 (1)My mother is talking with
her friend
(2)there a lot of
(3)mother knew nothing
about the present

解説

1 (1)主語は「私の友達の一人」なので
単数であることに注意する。
(4)主語が who である疑問文は要注意。
who は3人称単数扱いなので, 現在
形の文の場合, 動詞は3単現の形に
する。
(5)「昨晩私に電話するように彼に言った
が, 彼は(電話)しなかった。」

> **ミス注意！** (1)動詞の直前の friends
> に惑わされて live を選んではいけ
> ない。主語は one of my friends
> 「私の友達の一人」なので単数であ
> る。

2 (2)天候や寒暖などを表す文の主語に
使われる it に注意する。
(3)be good at 〜「〜が得意である」
(4)「私たちの中国語の先生」→「私たち
に中国語を教える」と考える。
(5)「バスに乗る」→「バスで行く」

3 (1)過去進行形の文。「犬を連れた男の
人」は the man with a dog と表す。
(2)「ほら, 〜が来た」という表現。Here
come(s) 〜.

4 (1)過去形の文にする。時や場所を表
す語句はふつう, 文の最後にくる。
(2)Why を用いた一般動詞の疑問文にす
る。「とても小さく見える」は look
very small などと表す。

5 (1)「〜しています」なので現在進行形
の文。
(2)There is 〔are〕 〜. の文の疑問文は,
there と be 動詞の語順を入れかえる。
(3)know nothing about 〜 「〜につい
て何も知らない」

▶ pp.12〜13

1 (1)**イ**　(2)**ウ**　(3)**イ**　(4)**ア**

2 (1)to look for
(2)to eat
(3)playing　(4)us clean

3 (1)あなたに会えてうれしいです
(2)何をすればよいか〔どうすれ
　ばよいか〕わかっていました
　か
(3)ドアを開けようとしました
(4)そのコンピュータを使わせて
　ください
(5)写真をとることに興味があり
　ます

4 (1)told me to clean my room
(2)is to visit foreign countries
(3)teach me how to swim

解　説

1 (1)begin の後は動名詞でも不定詞で
　もよい。
(4)不定詞は文の主語になることができ
　る。「ピアノをひくことはとてもおも
　しろい。」
2 (1)「〜するために」は不定詞の副詞的
　用法。
(2)「食べ物」は something to eat「何
　か食べるもの」で表す。
(4)〈help＋人＋動詞の原形〉で「人が〜
　するのを手伝う」の意味。
3 (4)〈let＋人＋動詞の原形〉で「人に〜
　させてあげる」の意味。
4 (2)「私の夢は〜することだ」は My
　dream is to 〜. で表す。不定詞は文

の補語になることができる。
(3)「泳ぎ方」は how to swim。

入試実戦テスト | pp.14〜15

1 (1)**エ**　(2)**ウ**　(3)**ア**　(4)**ア**
2 (1)saying　(2)It, to
(3)asked, to　(4)not to
3 例(1)I'm sorry to be late.
(2)She didn't know what to
　say.
(3)I want to see another
　(one).
4 (1)私はあなたに見せるものがあ
　ります。
(2)私は母に, あなたのために
　浴衣を作ってくれるように頼
　みました。
5 (1)friend is not very good at
　swimming
(2)are many places to visit
(3)know where to change
　trains
(4)How about having lunch
　together
(5)am too busy to go out with

解　説

1 (1)目的を表す不定詞の副詞的用法。
(2)enjoy の後は動名詞。
(3)〈前置詞＋〜ing〉の形。thank you
　for 〜「〜についてありがとう」
(4)help＋人の後は動詞の原形。

> **ミス注意！** (2)後に動名詞がくる動
> 詞(enjoy, finish など)と不定詞が
> くる動詞(want, hope など)をもう
> 一度しっかり整理しておこう。

2 (1)「〜せずに」は without 〜 ing で
表す。

(2)「私は簡単に彼女の家を見つけた。」
→「私にとって彼女の家を見つけるこ
とは簡単だった。」It is ... for — to
〜．「—にとって〜することは…だ」

(3)(4)書きかえでよく出題される問題。
ask と tell を使い分けること。

3 (1)「〜してすみません」は be sorry
to 〜 で表す。

(2)「何と言ったらよいか」は what to
say。これを She didn't know の後
に続ける。

(3)相手に頼むということで Will you
show me another one（＝bag）?,
Would you mind showing me
another one ? も可。

5 (1)not は very を否定する。

(2)不定詞の形容詞的用法。

(3)where to 〜「どこで〜するべきか」

(5)too 〜 to ...「…するにはあまりに〜
すぎる」→「忙しすぎて外出できな
い」の意味になる。

第**4**日　比　較

▶pp.16〜17

1 (1)ア　(2)ウ　(3)イ　(4)イ

2 (1)younger　(2)best
(3)not, big〔large〕
(4)more interesting

3 (1)冬よりも夏のほうが好きです
(2)日本で最も有名な本の一つで
す
(3)何のスポーツがいちばん好き
ですか
(4)どちらが（より）人気がありま
すか
(5)ほど速く走れません

4 (1)not as, as
(2)taller
(3)the easiest

解　説

1 (3)better は well の比較級。
(4)〈Which is 〜 比較級, A or B ?〉の形。
「A と B ではどちらがより〜ですか」
の意味。

2 (2)「〜がいちばん好きだ」は like 〜
the best で表す。
(3)「…ほど〜でない」は not as 〜 as ...
で表す。as 〜 as ...「…と同じくら
い〜」との意味の違いに注意。

3 (1)like 〜 better than ... は「…より
〜のほうが好きだ」という意味。
(2)〈one of ＋最上級＋複数名詞〉で「い
ちばん〜の一つ」という意味。

> **ミス注意！** one of の後の名詞は複
> 数形になることに注意する。

(4) more popular は popular の比較級。
4 (1)「あの庭はこれほど美しくはない」
という文にする。
(2) short「背の低い」の反対の意味をも
つ tall「背の高い」の比較級を用いる。
(3)「ほかのどの問題よりやさしい」は
「いちばんやさしい」ということ。

入試実戦テスト pp.18〜19
1 (1)ウ　(2)イ　(3)イ　(4)エ
(5)ウ
2 (1)older than
(2)any other boy
(3)Her, mine
(4)youngest
3 (1)Which〔What〕season do
you like (the) best?
(2)Which is more popular,
soccer or baseball?
4 (1)can't play baseball as well
(2)better than any other
participant
(3)is the most famous tennis
(4)The technology makes our
lives better
5 bigger and last longer than

解説

1 (1)〈one of ＋最上級＋複数名詞〉の形。
(2)interesting は長いつづりの語なので，
比較級は前に more をつける。
interesting 自体は変化しない。
(3)直後に as があるので〈as＋原級＋as〉
の形になることがわかる。
(4)of all は「すべての中で」の意味で，
最上級の後に置かれる。
(5)比較級を強調する語は much。

2 (1)A is not as old as B.「A は B ほど
古くない」→「B は A より古い」
(2)最上級と〈比較級＋than any other
＋単数名詞〉の書きかえは，比較する
ものの関係を図示するなどしてから考
えるとよい。
(3)as の後ろは 2 語なら my dog となる
が，1 語なので mine「私のもの」に
する。
3 (1)季節は数が限定的なので，Which
season を使ってたずねるのがふつう。
(2)〈Which is 〜 比較級 , A or B ?〉で表
す。「人気がある」は popular を使う。
4 (2)〈比較級＋than any other＋単数
名詞〉「ほかのどの…より〜」の形。
(3)「日本でいちばん有名なテニス選手は
だれか」という意味の文にする。
(4)〈make＋A＋B〉で「A を B にする」
の意味。lives は life「生活」の複数
形。
5 last は「続く」という意味の動詞と
して使われている。

第5日 接続詞・文型

▶ pp.20〜21

1 (1)ウ (2)イ (3)ア (4)イ
(5)ウ (6)ア

2 (1)that (2)made
(3)named (4)before (5)call
(6)looks

3 (1)もしあなたが手伝ってくれれ
ば，私はそれができると思い
ます
(2)私は英語が好きなので，一生
懸命それを勉強します
(3)彼をりっぱなピアニストにし
ました
(4)ドアを開けておいてください

4 (1)finished his homework
though he was sleepy
(2)the windows before you go
to bed

---

(3)〈make＋目的語＋名詞〉で「〜を…に
する」という意味。
(4)〈keep＋目的語＋形容詞〉で「〜を…
の状態にしておく」という意味。

4 (1)though は「〜だけれど…」という
意味の接続詞。

| 入試実戦テスト | pp.22〜23

1 (1)ウ (2)ア (3)イ (4)イ

2 (1)made
(2)for me
(3)Try harder, or

3 (1)ウ (2)ウ (3)ウ

4 (1)made him very famous
(2)says
(3)before it gets dark

5 (1)hope you will learn many
(2)They made him a baseball
player
(3)do you call this food
(4)many famous places while
I was in Canada

解 説

1 (3)that 以下のことを望んでいるので，
「〜ということ」という意味の that
を選ぶ。
(4)接続詞の前が「急ぎなさい」，後が
「学校に遅れるでしょう」なので，「そ
うしないと」という意味を表す or で
つなぐ。

2 (2)「〜を…にさせる」は〈make＋目的
語＋形容詞〉で表す。
(3)「AをBと名づける」は〈name＋A＋
B〉で表す。
(4)「〜する前に」は before。

3 (1)〈if＋主語＋動詞〉は後ろに置かれる
こともある。

解 説

1 (1)turn は後に状態を表す形容詞など
がきて，「〜になる」という意味。
(3)during は前置詞。接続詞と違って，
後に〈主語＋動詞〉は続かない。
(4)「この機械を使う<u>とき</u>には注意しなさ
い」という意味の文。

2 (1)「その手紙を読むと，彼は幸せにな
った。」→「その手紙が彼を幸せにし
た。」
(2)buy A B「AにBを買う」＝buy B
<u>for</u> A →(×) buy B <u>to</u> A
(3)「一生懸命努力しなければ，試合に勝
てない。」→「一生懸命努力しなさい。
そうしないと試合に勝てないでしょ

7

う。」

3 文の区切れは，大きな意味の区切れに
ある。接続詞(またはそれに準ずるもの)
の前で区切ることが多い。
(1) before，(2) if がそれぞれ接続詞。
(3)は said の後に接続詞 that が省略さ
れた文。

4 (1)〈make＋A＋B〉の文で表す。
(2)「新聞には〜と書いてある」は the
newspaper says that 〜 の形で表す。
(3)「暗くならないうちに」＝「暗くなる前
に」と考える。天候や明暗などを表す
ときの it を用いることにも注意する。
get dark「暗くなる」

> **ミス注意！** (3)時・条件を表す節
> (when 〜，if 〜，before 〜など)で
> は，未来のことでも現在形で表す。

5 (1)「〜ということ」という意味の接続
詞 that が省略された文の出題が多い
ので注意。次のようなものがある。
say that 〜
「〜と言う，〜と書いてある」
think that 〜「〜と思う」
know that 〜「〜と知っている」
hope that 〜「〜と望む」
(2)(3)いずれも第 5 文型の文。
(4)〈〜 while ...〉で「…の間に〜」とい
う意味。

第**6**日　**受け身**

▶ pp.24〜25

1 (1)**ウ**　(2)**ウ**　(3)**イ**　(4)**イ**
(5)**イ**

2 (1)was written
(2)Is，called
(3)When，made

3 (1)loved，Ken　(2)were，by
(3)Was，given　(4)be seen

4 (1)This dictionary is used by
Ken.
(2)When were you invited to
the party?
(3)Many〔A lot of〕books
were written by the writer.
(4)I was surprised at the
news.

解　説

1 受け身は〈be 動詞＋過去分詞〉で表す。
(5)be covered with 〜「〜でおおわれ
ている」
2 (1)「書かれていました」は受け身の過
去形 was written で表す。write の
過去分詞は written。
3 (1)能動態の文の主語は，受け身の文
では by 〜 の形にする。動詞は受け身
形〈be 動詞＋過去分詞〉にする。
(4)can('t) という助動詞の後では，be 動
詞は原形の be。
4 (2)when の後は「あなたはそのパー
ティーに招待されましたか」という疑
問文が続く。

This chair is made *of* wood.〈材料〉
「このいすは木で作られています。」

入試実戦テスト pp.26〜27

1 (1)ウ　(2)ウ　(3)ア

2 (1)interesting
(2)Were, taken
(3)Nothing　(4)We, by
(5)was built

3 (1)this picture painted
〔drawn〕by
(2)were killed, accident
(3)The leader will take care
of you.

4 (1)My birthday party was
held last night.
(2)This book is written in
English.

5 (1)sports are you interested
in
(2)is sung by a famous singer
(3)No students could be seen
in the next
(4)What is this bird called in
English
(5)is known as one

解説

1 (2)主語が Many languages で受け身
の文なので，are spoken を選ぶ。
(3)be made from 〜「〜(原料)で作ら
れている」

ミス注意！　(3) be made of 〜
「〜(材料)で作られている」との違
いに注意。
This wine is made *from* rice.〈原料〉
「このワインは米で作られていま
す。」

2 (1)「私はその話に興味があった。」→
「その話は私には興味深かった。」「〜
に興味がある」は〈be interested in
〜〉で表す。
(2)もとの文の目的語 the pictures が主
語になった文。「その写真はあなたの
おじいさんによってとられたのです
か。」
(3)「人々はその山について何も知らな
い。」→「その山について，何も知ら
れていない。」nothing「何も〜ない」
が主語になった文。
(5)「私の家は今，築40年だ。」→「私の
家は40年前に建てられた。」build の
過去分詞は built。

3 (1)「この絵はだれによってかかれた
か」と考える。文末の by を忘れては
いけない。
(2)「事故(accident)で死ぬ」は be
killed in 〜 で表す。
(3)受け身→能動態の書きかえの手順。
①by 〜 の〈〜〉を能動態の文の主語に
する。
②受け身の文の主語(you)を，能動態
の文の目的語にする。
③受け身の〈be動詞＋過去分詞〉を能
動態の形にする。
「リーダーはあなたの世話をしてく
れるでしょう。」

4 (1)「(パーティーなどを)開く」は,
hold―held―held。
last night は文頭に置いてもよい。

5 (1)what kind of sports で「どんな
種類のスポーツ」の意味。
(3)no students を主語にして「生徒は
だれも〜ない」の文にする。「見あた
らなかった」は「見られることはでき

9

なかった」と考えて，could be seen
と表す。

(4)「この鳥は英語で何と呼ばれますか。」

(5)「〜の一人」は one of 〜 で表す。

　〈〜〉の部分の名詞は複数形にする。

　「〜として知られている」は〈be
known as 〜〉で表す。

第7日　現在完了

▶pp.28〜29

1 (1)ウ　(2)ウ　(3)イ　(4)イ

2 (1)known, since

　　(2)has just

　　(3)long, For

　　(4)has never〔not〕

3 (1)ビルはもう家に帰りましたか

　　(2)長い間戸田さんに会っていま
　　　せん

　　(3)何回この映画を見たことがあ
　　　りますか

　　(4)まだ教室を掃除していません

4 (1)has already made dinner

　　(2)We've never read any
　　　English books

5 例(1)I have long wanted to
　　　buy a new computer.〔I've
　　　wanted to buy a new
　　　computer for a long time.〕

　　(2)Have you ever been to
　　　〔visited〕France?

解 説

1 (1)主語によって have, has を使い分
　　ける。Tom が主語なので has を選ぶ。

　　(3)現在完了の疑問文にある yet は「も
　　う〜しましたか」の意味。

　　(4)has been 〜 ing は現在完了進行形
　　で，「（ずっと）〜している」という意
　　味。

2 (4)経験用法の否定は never か not を
　　使う。

3 (1)疑問文で使われる yet は「もう（〜

したか)」という意味。

(4)否定文で使われる yet は「まだ(〜し
ていない)」という意味。

4 already「もう」や never「一度も〜
ない」は have〔has〕と過去分詞の間
に置くのがふつうである。

┌─────────────────────────────┐
│ **ミス注意!** **5** (2)「〜に行ったこと │
│ がある」は have〔has〕been to 〜 │
│ で表す。have〔has〕gone to 〜 は │
│ 「行ってしまった(今はここにいな │
│ い)」という意味。 │
└─────────────────────────────┘

┌─────────────────────────────┐
│ **入試実戦テスト** pp.30〜31 │
│ │
│ **1** (1)ウ (2)ウ (3)ア (4)ア │
│ (5)エ │
│ **2** (1)known (2)never〔not〕 │
│ (3)hasn't finished │
│ (4)has been dead │
│ **3** (1)How many times │
│ (2)have been │
│ (3)has been running │
│ **4** (1)Have you ever seen │
│ 〔watched〕this traditional │
│ festival? │
│ (2)あなたがいつもいたように, │
│ ここにいてほしかったから, │
│ 私は悲しかった。 │
│ (3)I have long wanted this │
│ dictionary.〔I have wanted │
│ this dictionary for a long │
│ time.〕 │
│ **5** (1)have lived in Tokyo for │
│ (2)This is the saddest movie │
│ that I've ever seen │
└─────────────────────────────┘

1 現在完了のポイントは以下の3つ。
　①〈have〔has〕+過去分詞〉の形。
　②「ずっと〜している」〈継続〉,
　　「〜したことがある」〈経験〉,
　　「〜したところだ」〈完了〉の3つの用
　　法がある。
　③よく使われる副詞(句)は,
　　for 〜, since 〜, how long 〈継続〉,
　　once, 〜 times, before, ever,
　　never 〈経験〉,
　　already, yet, just 〈完了〉。

(3)過去形の文なので,単純に過去を示
　す a month ago「1か月前(に)」を
　選ぶ。

(4) for a week を伴っているので現在完
　了の継続用法となる has been を選ぶ。

(5)期間をたずねる How long 〜 ? の文。

2 (1)よく出題される書きかえ。

(2)よく出題される書きかえ。「今まで見
　た中でいちばん高い建物」→「そんな
　高い建物を見たことがない」と考える。

(3)「食べ始めて,まだ食べている」→
　「食べ終わっていない」と考える。

(4)形容詞 dead「死んでいる」を用いて
　has been dead となる。

3 (1)「回数」のたずね方。How many
　times を使う。

(3)1つの動作がずっと続いている→現在
　完了進行形。

4 (1)「〜したことがあるか」という経験
　を問う疑問文は,Have you ever 〜
　? の形で表す。

(2)「私は悲しかった」と言ってから,そ
　の理由を because 〜 で述べている。
　as you've always been here を補っ
　て考える。

第8日 分詞・間接疑問文

▶ pp.32〜33

1 (1)**ウ** (2)**イ** (3)**ア** (4)**ウ**
(5)**イ**

2 (1) broken (2) reading
(3) who wrote (4) what, has

3 (1) The boy swimming over there is
(2) the language spoken in this country
(3) where my pencil is
(4) know how you answered this question

4 (1) 彼女が昨日何時に帰宅したかを
(2) 去年オーストラリアでとられた写真
(3) I don't know when this temple was built.
(4) I know why Tom came to Japan.

解説

1 (1)(2) ( )の前後を見て，「〜している」なら現在分詞，「〜された，〜されている」なら過去分詞を選ぶ。

2 (3)「だれがこの手紙を書いたか」は who wrote this letter。疑問詞 who が主語なので，know の後は疑問文と同じ語順になる。
(4)「健が何を持っているのか」は what Ken has で表す。what の後は平叙文の語順。

3 (1)「向こうで泳いでいる少年は私の兄

〔弟〕です。」
(2)「英語はこの国で話されている言語です。」
(3)「私の鉛筆がどこにあるか知っていますか。」
(4)「私は君がどのようにしてこの質問に答えたのかを知りたい。」

4 (1) what time she came home yesterday が目的語になっている文。

入試実戦テスト pp.34〜35

1 (1)**イ** (2)**エ** (3)**ウ** (4)**ア**

2 (1) food, likes (2) by
(3) he lives

3 (1) where they are 〔come〕
(2) church standing, built
(3) talking 〔speaking〕 to, over there
(4) it will stop raining

4 **ウ**

5 (1) me a watch made in
(2) Who is the man talking with
(3) don't know what time she left this room
(4) I knew how important they were

解説

1 分詞とその前の名詞〔代名詞〕との関係を考える。
①「〜が…する」なら現在分詞。
②「〜が…される」なら過去分詞。
(1)「人形が着ている」の関係が成り立つので，wearing を選ぶ。
(2)「部屋が使われている」の関係が成り立つので used を選ぶ。

12

(3)「本が書かれた」の関係が成り立つので，written を選ぶ。

(4)「女性が演奏している」の関係が成り立つので playing を選ぶ。

2 (1)「彼女の大好きな食べ物を知らない。」→「どんな食べ物を彼女がいちばん好きかを知らない。」

(2)「〜が書いた本」→「〜によって<u>書かれた</u>本」と表現する。

(3)「彼の住所」→「彼がどこに住んでいるか」

ミス注意！ (3)よく出題されるパターンにはほかに，his birthday「彼の誕生日」→ when he was born「彼がいつ生まれたか」，his name「彼の名前」→ who he is「彼がだれであるか」などがある。

3 (1)「彼らがどこの出身か」の部分を間接疑問の形で表す。「〜の出身だ」は be〔come〕from 〜 で表す。

(4)「いつ雨がやむだろうか」の部分を間接疑問の形で表す。天候を示す it を用いることに注意する。「雨がやむ」は stop raining。

4 文の区切れは，意味の区切れる場所にある。ここでは loved by many young people がひとまとまりになっているので，その前で区切る。

5 (1)「スイス製の時計」→「スイスで作られた時計」と考える。「A に B を買う」は〈buy＋A＋B〉で表す。

(4)how の意味は

① 「どのように，どのような」

How do you go to school?

How are you?

② 「どれほど」（程度）

How old are you?

How tall is this building?

第**9**日 **関係代名詞**

▶ pp.36〜37

1 (1)who〔that〕

(2)which〔that〕

(3)he wrote

(4)which〔that〕was

2 (1)あのベンチに座っている少女

(2)昨日彼がつかまえた魚を食べました

(3)そのスピーチコンテストで一等賞をとった少女です

(4)昨日あなたがなくしたかぎですか

(5)丘の上に建てられた家

3 (1)Do you have any friends who live in Korea

(2)His father needs a car which can run fast

(3)I'll buy you the shoes you have wanted for a long time

4 (1)pictures which〔that〕

(2)which〔that〕were

(3)Ken told

解説

1 先行詞が「人」の場合は who，「物，動物」の場合は which，そのいずれにも使える that の使い分けと，文中での働きを考えて，適語を入れる。

(3)関係代名詞が省略された文。

2 (3)win は「勝ち取る」win—won—won。the first prize「一等賞」

3 名詞を修飾している部分に注目する。

13

(1)「韓国に住んでいる友達」は「友達」
　の後に関係代名詞 who を置き、「韓
　国に住んでいる」の部分を続ける。
(3)「靴」の後に「あなたが長い間ほしが
　っていた」の部分を続ける。
4 (1)pictures は「物」だから、関係代
　名詞 which か that を使う。後に〈主
　語＋動詞〉があるので目的格。＿＿＿が
　１つなら省略する。... these pictures
　Takako took.
(3)「ケンが私たちに話した話」は the
　story (which/that) Ken told us。関
　係代名詞は目的格だから省略できる。

入試実戦テスト pp.38〜39
1 (1)**ア** (2)**エ** (3)**イ** (4)**エ**
2 (1)has (2)Mary painted
　(3)who〔that〕was
　(4)who〔that〕cannot〔can't〕
3 (1)約 50 年前に作られた浴衣を
　あなたに見せましょう。
　(2)どんな答えを彼らがほしがっ
　ているのか彼にはまったくわ
　からなかった。
4 (1)**ウ** (2)**ウ**
5 (1)which we use makes our
　lives better
　(2)cake your father made was
　(3)became the first man that
　walked on the moon

解説

1 (1)先行詞(player)が「人」で、関係
　代名詞の後の動詞(plays)の主語にな
　っているので、who を選ぶ。
　(2)先行詞(house)が「物」で、関係代
　名詞の後の動詞(stands)の主語にな

っているので、which を選ぶ。
(3)長い主語に惑わされないようにする。
　The woman を受けるので、is を選
　ぶ。
(4)関係代名詞が省略された形になる。
2 (1)the girl with long hair は「長い
　髪をした女の子」。「長い髪を持った女
　の子」と考える。
　(2)「メアリーがかいた絵はとてもきれい
　でした。」
　(4)「クラスの生徒は全員が使える」→
　「使えない生徒はいない」と考える。

ミス注意！ (4)否定語を２つ重ねて
肯定の意味を持たせることを二重否
定という。落ち着いて意味を考えよ
う。
例：There was *no* one who did *not*
feel happy.「楽しいと感じない人
はいなかった（＝みんなが楽しいと
感じた）。」

3 (1)show＋A＋B「AにBを見せる」
　(2)answer と they の間に関係代名詞が
　省略されている。have no idea「考
　えがない」→「まったくわからない」
4 文の区切り＝意味の区切りと考える。
　(1)の The story 〜 this morning と(2)
　の Something 〜 last Sunday が、
　長い主語。(1)は be 動詞 was の前で、
　(2)は一般動詞 made の前で区切る。
5 (1)〈make＋A＋B〉は「AをBにする」
　の意味。lives は life「生活」の複数
　形。
　(2)「あなたのお父さんが作ったケーキ」
　が主語。関係代名詞が省略された形。
　(3)「最初の人」は the first man。that
　は関係代名詞。

第10日 文構造・仮定法

▶ pp.40～41

1 (1)イ (2)ウ (3)イ (4)ウ

2 (1)told, that (2)If, had
(3)wish, were

3 (1)sad to hear
(2)told, that she would
(3)knew, could write

4 (1)私が鳥なら，私は空を飛ぶことができるのに
(2)怒ったので，私は驚きました
(3)ロボットと共生するようになると確信しています

5 (1)I am glad that you like the song
(2)told me that she didn't know about
(3)I wish I had a million yen
(4)If it were sunny today

解 説

1 (1)was と時制をそろえて過去形にする。
(3)(4)仮定法の文では，原則として動詞や助動詞を過去形にする。また，be動詞は主語が何であっても were を使うことが多い。

2 (1)〈tell＋人＋that＋文.〉の語順になる。

3 (1)「～して…」の文は，不定詞の副詞的用法を使って表すこともできる。
(2)人の名前や人を表す語句は，2回目以降は代名詞に変える。
(3)「～でないので…ではない」の文を，「もし～なら…なのに」と書きかえる。

4 (2)get angry で「怒る」の意味。be angry が単に「怒っている」という状態を表すのに対して，get angry は「怒っていない状態から怒った状態になる」という変化を表す。

5 〈主語＋動詞〉が2組できるので，正しく組み合わせる。

入試実戦テスト pp.42～43

1 (1)tells (2)said (3)will
(4)had (5)were

2 (1)If, could swim
(2)angry that, saw
(3)told me he
(4)had, could read

3 (1)I am sorry that I missed that train
(2)showed me there were many flowers
(3)wish I were better at playing

4 (1)He told me (that) he was tired.
(2)I wish I could sing well.

5 (1)sister, Satoru that, would play
(2)ア

解 説

1 (1)often「よく」があることから現在の習慣を表す文で，主語が Tim なので，3単現の形にする。
(5)〈no＋名詞の複数形〉は複数扱い。

2 (2)「彼はその光景を見て怒りました。」という文にする。
(4)「十分な時間があれば，本を読むことができるのに。」という文にする。

15

3 (1)「あの電車を逃して残念です。」という文にする。would が不要。

(2)「母は，公園にたくさんの花があることを私に見せてくれました。」という文にする。is が不要。

(3)〈be better at〉は，〈be good at〉「～が得意だ」の比較級。前置詞の後の動詞は常に～ ing。could が不要。

4 (1)told を使う指定があるので，〈tell＋人＋that〉の構文で表す。

(2)〈I wish＋文.〉の仮定法で表す。

5 (1)〈She told me about it then.〉で「彼女は私に，そのことについて教えてくれました。」の意味。「彼女」「私」「そのこと」が指すものを，それぞれ本文から読み取る。

(2)コンテストを目前に緊張していたケーシーが「今ではみんなの前で演奏するのを楽しみにしている」と言ったのに対して，サトルは「そんなふうに考えられるのはすごいね」と感心している。

総仕上げテスト①

▶pp.44〜45

1 (1)イ (2)イ (3)エ (4)ウ
(5)イ

2 (1)例I like watching sports better, because I am busy studying and don't belong to any sport clubs.(17 語)
〔I like playing〔doing〕 sports because I am very active. My father wants me to be a professional baseball player.(19 語)〕

(2)〈A を選んだ場合〉例I like baseball very much. Does my American school have a baseball club? If it doesn't, what sport clubs does it have?

3 (1)エ (2)ウ

解 説

1 (1)時や条件を表す副詞節では，未来のことも現在形で表す。

(2)snow は数えられない名詞なので，a big や many は誤り。数えられる名詞と数えられない名詞のどちらにも用いられる no を選ぶ。

(3)〈the＋最上級＋of〔in〕～〉「～の中で最も…」の形。後に all がきているので，of を選ぶ。

(4)how to use ～ で「～の使い方」という意味。

(5)it と take に注目する。「ここから図書館までどのくらいかかるか」と所要

時間をたずねる文。

2 (1) watching sports か, playing sports かを明確にした後に, その理由を書くとよい。理由は常識的なことでよい。

(2) A ～ D のどの場合も, まず自分の好み, できることやできないことなどを述べ, 自分が留学する高校でそのことがどうであるかをたずねるとよい。
A 以外のものを選んだ場合の解答例は次のとおり。
〈B を選んだ場合〉I like painting and taking pictures. I want to belong to an art club at my American school. Can I do it?
〈C を選んだ場合〉I think I can understand daily conversations in English. But I'm afraid I can't read American textbooks used at my American school. Does anyone help me?
〈D を選んだ場合〉I can eat anything. I want to try many kinds of American foods. Does my American school have a school cafeteria or do I have to take lunch with me?

3 (1) 東京へ行くので, GATE 7 と 6 は不適当。今は 12 時だから GATE 5 も不適当。

(2) **ア** 学校がある東京は, 西日本(the west of Japan)ではない。
イ 京都へは 5 月(May)に行った。秋(fall)ではない。

ウ 男女あわせて 501 名の生徒(約 500 名)がいる。正しい。
エ クラブは運動部・文化部あわせて 23 ある。約 10 ではない。

総仕上げテスト ②

▶pp.46〜47

1 (1)**ア** (2)**ウ**

   (3)think about how I could create

   (4)**イ**

   (5)私は，和紙が美しいだけでなく，あなた(たち)の文化の中で大切だということに気付きました。

2 I went to Kagoshima to meet my grandfather and grandmother.

3 (1)① riding

   (2)② dog under the desk

     ③ are two bags on the chair

   (3)④ science

     ⑤ is not as popular

   (4)⑥ October

     ⑦ went to Niigata

     ⑧ four

4 Go down this street to the station, and turn left at the bookstore. Then go straight and turn right at the flower shop. You'll find the post office on your left.

解説

1 (1)「和紙を自分で作ったか」という問いに対して「小さい和紙を作った」と答えているので，肯定する意味の文が入る。

(2)I were you という特殊な文になっていることから，仮定法の文であることを理解する。

(3)to の後，及び could(助動詞)の後は動詞の原形。create は a great *nengajo* の前に置きたいので，to の後には think about を置く。

(4)下線部④の不定詞は形容詞的用法「〜するための」。

(5)〈not only A but also B〉で「AだけでなくB」の意味。

全文訳

ジュディ：その美しいはがきをどこで手にいれたの？

京子：歴史博物館で作ったのよ。

ジュディ：自分で和紙を作ったっていうこと？

京子：そうよ。小さいサイズの和紙を作って，それをはがきとして使ったの。

ジュディ：すごいわね！でも，和紙を作ることは簡単じゃないわ。私があなたの立場だったら，お店ではがきを買っちゃうわ。

京子：そうね。あなたは日本の伝統的なものが好きだから，あなたのために和紙を使って特別なものを作りたかったの。すてきな年賀状をどうやって作ろうか考えるのは楽しかったわよ。

ジュディ：あなたの年賀状はすてきだったわね。年賀状は，日本の文化の興味深い部分を知るための機会を私に与えてくれたわ。私は，和紙が美しいだけでなく，あなたたちの文化の中で大切だということに気付いたわ。

2 動詞の過去形を正しく使う。

3 (1)「母は自転車に乗っています。」

(2)「一匹の犬が机の下にいて，2つのかばんが椅子の上にあります。」

(3)「私のクラスでは，理科が最も人気のある教科です。数学は音楽ほど人気が

18

ありません。」

(4)「今日は 10 月 20 日です。前の木曜日
　　に家族と新潟に行って，4 日間そこに
　　いました。」

ミス注意！　(3)〈A is not as 〜 as ...〉
は「同じくらいではない」ではなく，
「A は…ほど〜ではない」の意味に
なる。「…は A よりも〜だ」という
比較級の文に書きかえることができ
る。

4　2 か所の曲がる場所や，左・右の説明
　　が正しくできるようにする。